超デジタル時代の「学び」

よいかげんな知の復権をめざして

渡部信一

新曜社

はじめに

私が生まれ育った20世紀後半は、科学やテクノロジーが飛躍的に発展し続けた時代だった。次々と家の中の風景を変える新しい電化製品。モノクロテレビ、カラーテレビ、冷蔵庫、ステレオ、自動車、エアコン、電子レンジ、そしてコンピュータ…新しいテクノロジーが家に届くたび、私はワクワク幸せな気分に浸っていた。そのような生活の中では当然、近代西洋的・科学的な知的スタイルが「真実を知るための唯一の方法」と考えられていた。あいまい性の無い正確で明確な知識を系統的に学び蓄積してゆけば、このまま未来永劫「テクノロジーの発展に基づいた幸せな生活」は続くものと思われた。

私が新しいテクノロジーに対しあまりワクワクしなくなったのは、たぶん20世紀もまもなく終わろうとする頃だろう。テクノロジーの発展に対し幸福感よりはただ「むなしさ」だけが感じられ、「何かが間違っている」とすら感じるようになった。

コンピュータを活用すれば効率的に仕事は進み、人間はあまった時間をのんびりと趣味や家族との団らんに費やすことができる。このような「夢のような話」はバブル経済の崩壊とともに消え去り、あいかわらず過酷な残業をこなす日々に人々の心はすっかり疲弊している。人々の「ストレス」は増大し続け、自殺や悲惨な事件が毎日のようにマスコミで報道される。

このような社会に対し多くの人々が閉塞感を持ち、多くの知識人が「生活を昔に戻そう」という主旨の言説を繰り返している。「エコな生活をしよう」「村の暮らしを取り戻そう」「コンピュータを捨てて畑を耕そう」……。

しかし……と、私は思わずにはいられない。現実に日々暮らしている今の生活をどのように変えろというのだろう。子どもたちからゲームを取り上げ野山で遊ばせようとしても、私たちが幼い頃よく遊んだ近くの野山は今はもうない。職場にあるコンピュータをすべて取り払って、はたして明日から仕事になるのか。ますます複雑になる社会システムを変えようとしてもそう簡単ではないことを、誰もが知っている。今の社会システムからコンピュータを取り去ったとしたら、それこそ大混乱が起こるだろう。

はたして、私たちにとって何が「次の一歩」となるのだろう。私たちの目の前に広がる「のっぺりとした現実」を変えるための「次の一歩」とは、どのようなパラダイムなのだろう?

本書では、その「次の一歩」をあえてデジタルテクノロジーに求めてみた。これまで私たちをワクワクさせてくれた、そして今は大きくその魅力を失いかけているデジタルテクノロジー。そのデジタルテクノロジーが、それも中途半端なものではなく最先端のデジタルテクノロジーが、もう一度日本文化や日本人の心を、そして知的スタイルを私たちが取り戻すための大きな契機になる。それを信じて、私はもう一度、最先端のデジタルテクノロジーを検討の土俵に上げてみたいと考えた。

これまで「デジタル」という概念には、分析的、効率的、そしてあいまい性が無く正確……などのイメージが伴っていた。そして確かに、デジタルテクノロジーは人間にとって「便利な道具」となり、人手で行えば多くの時間と手間が必要な作業を短時間で、そして効率的に実施することができるようになった。しかし一方で、そのような「デジタル」の側面がどうも「人間の本質」にはしっくりこないという感触があったことも事実である。

ところが、近年のデジタルテクノロジーは、人間の「人間的な側面」つまり「アナログな側面」にまでアプローチすることができるまでに発展している。例えば、コンピュータが持っている処理能力の著しい向上は、対象を細かく分解しそれぞれの部分を客観的に分析するだけでなく、対象を「丸ごと」取り扱うことを可能にした。このことによって人間の感性を刺激し、「理屈ではなく直感的にわかる」あるいは「リアリティを持ってわかる」ことが可能になりつつある。つまり、デジタルテクノロジーの発展は単なる「便利な道具」にとどまらず、「人間の本質」にも大きく影響を及ぼす段階に入った、ということである。デジタルテクノロジーは、私たちの生活スタイルを変えるだけでなく、ものごとに対する認識の仕方や考え方にも少なからず影響を及ぼすまでに発展しているのである。

今の時代に必要なチャレンジは、著しい発展を遂げたデジタルテクノロジーを強力な武器として、目の前に広がる「のっぺりとした現実」を大きく揺さぶることである。そのことによって、デジタル的パラダイムを大きく超えた「超デジタル」という世界が立ち現れてくるのである。

目次

装丁　桂川　潤

序章　「超デジタル」な時代がやってきた

テクノロジーにワクワクした頃

私が生まれたのは、昭和32年（1957年）。そして、まさに日本の「高度経済成長期」を生きてきた。私が生まれた頃、我が家にあった電化製品と言えば、せいぜい電灯とラジオ、そして扇風機くらいだった。私が3歳のとき、家に「テレビ」が届いた。父がおそるおそるスイッチをひねると、そこにはいかにもアメリカ的なアニメーションが映し出された（それは大人になって『フィリックス』というアメリカのアニメーションであることを知った）。もちろんモノクロである。さすがにその箱の中には電機の部品が入っているということくらいは3歳の私にも理解できたが、なぜかリアリティのない不思議な感じがしたことを今でも覚えている。

そのモノクロテレビがカラーになったのは、大多数の日本人と同じ昭和39年、東京オリンピックの年である。小学生になっていた私にとって、モノクロテレビがカラーになったことにそれほど大きな驚きはなかったけれど、その頃から毎日テレビを見ることが習慣化したことを思うと、やはり私の人生にとっては大きな出来事だったに違いない。

音楽が好きだった私の家には、小さい頃からステレオがあった。ごく普通のステレオだったが、小学生の頃から映画音楽や歌謡曲などを聴いていた。もちろん、聴いていたのはＬＰレコード。「テレビで放送される歌番組をＬＰレコードに録音できる機械があったらなあ」と考えていた私は、テープレコーダという機械があるということを知り驚喜した。このテープレコーダも、小遣いで買うことのできるごく普通のものだったが、好きな音楽や毎年の紅白歌合戦などはラジオから欠かさず録音していた。

子どもの頃によく見たテレビは、鉄腕アトムやポパイなどのアニメーション。毎週、その時間が来るのを本当に楽しみに待っていた。しかし、当時はそれほど多くの番組があったわけではない。私の生まれ育った仙台では、ＮＨＫの他に民放が1局。面白い番組がないとき、私たち子どもにとって唯一の選択肢は、外で遊ぶことだった。ベーゴマ、ビー玉、凧揚げ、こままわし、メンコ（当時の子どもたちは「パッタ」と呼んでいた）、なわとび、陣取り、かくれんぼ（特に「缶けり」はよくした）、草野球、オタマジャクシ取り、トンボ取り……とにかくよく外で遊んだ。今のようにコンピュータやテレビゲームはなかったけれど、とても幸せだったように思う。そして、毎日がとてもエキサイティングだった。

コンピュータとの出会い、そしてデジタル時代

その後も新しい電化製品が次々と我が家にやってきた。洗濯機、冷蔵庫、ビデオデッキ、電子レンジ、

エアコン、そしてアマチュア無線の通信機……新しいテクノロジーが家に届くたび、私はワクワク幸せな気分に浸っていた。そして、そのような生活の中では当然、近代西洋的・科学的な知的スタイルが「真実を知るための唯一の方法」と考えていた。あいまい性のない正確で明確な知識を系統的に学習し蓄積してゆけば、このまま未来永劫「テクノロジーの発展に基づいた幸せな生活」は続くものと信じていた。人類が月に降り立ったことは、そのようなパラダイムの象徴でもあった。

私の人生にとってひとつの重要な出来事は、「コンピュータとの出会い」だろう。そして、コンピュータは20世紀のテクノロジー発展における最大の産物でもある。

コンピュータが誕生したのは、1940年代。しかし、誕生してからしばらくの間、コンピュータは複雑な計算を人間の代わりにやってくれる単なる「工業製品」であった。そして、その利用も大学の研究室や大企業などに限られており、私たちの生活には何の関係もなかった。

ところが1980年代、飛躍的に発展したコンピュータが小型化され安い値段で販売されるようになると、私たちは個人で購入することが可能になった。パーソナル・コンピュータ、いわゆる「パソコン」の登場である。パソコンは瞬く間に私たちの生活の中に浸透してゆき、同時にさまざまな社会システムに組み込まれてゆく。

私がコンピュータと初めてであったのは1978年、パソコン以前の紙テープでデータを入出力するような本格的な「機械」であったが、その数年後には研究室にパソコンが数台、導入された。「これで研究を飛躍的に進めることができる」と、私たちは驚喜した。

1990年代半ばから「インターネット」が瞬く間に世界中に広がり、本格的な高度情報化時代、つまり「デジタル時代」が到来した。世界中の出来事をリアルタイムで知ることができるようになっただけでなく、個人がどのような些細な情報でも世界に向けて発信できるようになった。テクノロジーの発展は止まることを知らず、その後もコンピュータを持ち運んで使用する「モバイル」という発想、いつでもどこでもコンピュータが使える「ユビキタス」という発想、そしていつでもどこでも気軽に学べる「eラーニング」という考え方が20世紀末から21世紀の初めにかけて声高に叫ばれ続けた。

デジタル時代の行き詰まり

私が新しいテクノロジーに対しあまりワクワクしなくなったのは、たぶん20世紀もまもなく終わろうとする頃だろう。テクノロジーの発展に対し幸福感よりはただ「むなしさ」だけが感じられ、「何かが間違っている」とすら感じるようになった。

コンピュータを活用すれば効率的に仕事は進み、あまった時間をのんびりと自分の好きな趣味や家族との団らんに費やすことができる。このような「夢のような話」はバブル経済の崩壊とともに消え去り、あいかわらず過酷な残業をこなす日々に人々の心はすっかり疲弊している。人々の「ストレス」は増大し続け、自殺や悲惨な事件が毎日のようにマスコミで報道される。

このような社会に対し多くの人々が閉塞感を持ち、多くの人々が疑問を感じ始めている。デジタル時代が求めてきた「グローバル化する社会」の中で繰り広げられる世界一になるための熾烈な競争。短時間でできるだけ効率的に仕事をこなすことがすばらしいという価値観、テクノロジーが人類を幸せにするという確信、人間がコントロールすることにより自然は維持されるという発想、そして「あいまい性のない正しい知識をひとつひとつ系統的に積み重ねてゆこう」とする知的スタイル…これらの「常識」に対し、多くの知識人が疑問を持ちはじめ「生活を昔に戻そう」という主旨の言説を繰り返している。「エコな生活をしよう」「村の暮らしを取り戻そう」「コンピュータを捨てて畑を耕そう」…そんな声をしばしば耳にするようになった。

そして、2011年3月11日「東日本大震災」が起こった。仙台に生まれ育ち、そして現在も仙台で暮らしている私にとって、それは当事者として「人間と自然とテクノロジーの関係」を考えざるを得ない事態となった。

科学の粋を集め技術開発を行い、最先端のテクノロジーを駆使して私たちは現在の「便利な生活」を手に入れた。電気は一晩中街中を明るく照らし、コンビニで24時間欲しいものが手に入る。風呂はボタンひとつでちょうどよい湯加減に沸き、レンジでチンすれば世界中の名物料理を食べることができる。

ところが、そのような「便利な生活」は、自然の力により一瞬にして崩壊する。それは、「自然」に対して人間はまったくの無力であることを私たちに思い出させてくれるのと同時に、「本当に今までの生活は幸せだったのだろうか」という疑問をわき上がらせる。

確かに、コンピュータをはじめとするテクノロジーは私たちの生活を便利にしてくれた。そして、私たちは「便利な生活」をおくれることはとても「幸せなこと」だと感じてきた。しかし、本当に便利な生活をおくることはとても「幸せなこと」なのだろうか？　便利な生活、効率的に仕事を行うこと、効率的に学ぶこと…それは本当に「幸せ」なことなのだろうか？

モノやコトが記号化した時代

最近になって、私はひとつのことに気がついた。「デジタル時代はモノやコトが記号化した時代」ということである。そのことが、私たちに大きなストレスをもたらしている。

例えば、「音楽」の楽しみにも昔は「モノ」が伴っていた。昔、私たちは好きな音楽をレコードで聞いていた。ラジオで好きな音楽に出会うと、私はすぐにレコード屋さんに走った。そして、お目当てのレコードを手にした瞬間は本当にワクワク幸せな気持ちだった。

ところが今、音楽は完全に「記号」になってしまった。ネットで視聴し、気に入れば即ネットで購入する。まさに、聴覚のみを使った行為である。せいぜいそれに加え、ディスプレー上で表示される「ジャケット」の視覚情報があるくらいだ。確かに音楽は耳で聞くものではあるが、「ジャケット」を手にしたときの触覚、レコードをジャケットから取り出したときに漂う臭い、そしてお店に買いに行くという身体運動の快感も決して簡単に捨てられるものではない（そう言えば昔、ジャケットが気に入っただけで音楽を聴かずにレコードを買ってしまう「ジャケ買い」が流行したことがあった）。このような気持ちを、単に昔を懐かしむノスタルジーということだけで片付けてしまうことはできないだろう。

歴史的に見れば、19世紀までは「実体論」が私たちの生活を支配していた。つまり、モノはそこにあり、コトはそこで起こっていた。しかし、20世紀はテクノロジーやメディアが著しい発展を遂げ、それとともに「記号」が私たちの生活を支配するようになった。私たちは「記号」により「わかったつもり」になることを覚え、「身体によるリアリティ」を失ってしまった。本来、「感性」や「知識」とは「状況に依存しているもの」である。しかし最近は、状況に依存しない情報（＝リアリティのない情報）だけが私たちの周りを取り囲んでいる。その結果、私たちは周りのモノやコトに「自分なりの意味」をまったく見いだせなくなった。確かにそれは、これまでの科学が必死になって追い求めてきた客観性に基づいた「きちんとした知」に他ならない。そして、それらはコンピュータで扱うことが可能な「知」である。

しかし、世界のあらゆる対象が記号化した結果、そこに立ち現れてくるのは、モノやコトに対しリアリティがない、ニュートラルな意味しか持てない「のっぺりとした世界」なのである。

「のっぺりとした世界」に対し、人々は大きなストレスを感じる。現代のストレスとは、本来人間が「生物」として持っている本質、つまり「身体性」や「感性」を失ってゆくことに対するストレスなのである。人間が身体性をもって、これまで「ヒト」という種を維持し文化を創り生きてきた以上、身体を通して状況から「学ぶ」ことは至極当たり前のことであった。また､五感をもって（あるときには第六感をも使って）状況と関係し、そして時には「マイナスの方向性を持つ知」をも認め「理性」とのバランスを保って生きてきたことは至極当たり前のことであった。本来「人間」という存在は、工業化時代になろうが高度情報化時代になろうが「生物」であり、その本質において何も変わるものではない。現在大きな問題となっている「ストレス」の原因は、そのような本来「生物」として持つべき「知」的スタイルから私たちの日々の暮らしが大きく逸脱しているということに他ならない。

アナログな「知」の情報量

現代は「情報過多の時代」と言われる。テレビのチャンネル数は増え続け、世界中で起こっている出来事がリアルタイムで私たちに届く。昔なら知らなくてもよかったことが、今ではいやでも目や耳に入ってくる。それに加えてＷｅｂ上の情報量は増え続け、欲しくもない情報、有害な情報があふれている。とにかく、情報が多すぎるのである。

しかし、「それでは昔は情報が少なかったのか」と言えば「そうでもない」と私は最近思うようになった。昔も私たちの周りには相当な量の情報があふれていた、そう思うようになって来た。

例えば、「風」。私たちは風を肌で感じ、心地よいとか「雨が降りそうだ」とか思う。風にはそれ自体のにおいもあるし、また他の「香り」を運ぶこともできる。風の強弱、温度、音、吹いてくる方角、風の形、リズム。風が持つさまざまな要素のそれぞれが、多くの情報を持っている。風に色を感じる人もいるし、風が持つ言葉にできない情報を「第六感」で感じる人もいる。そのように考えると、木、草花、波、雲、太陽、季節…さまざまな「自然」のそれぞれが、無限とも言えるほどの情報を内在している。決して、現在のほうが昔に比べて圧倒的に情報が多いとは言えないのかもしれない。

そして、とても大切なポイントは、本来私たちはこのような情報を五感で受け取り処理しているということである。本来、私たちを取り囲んでいる情報には「香り」や「肌触り」が伴っており、私たちは五感をもってそれらの情報を受容し処理していたのである。「雨のにおい」「土のにおい」あるいは「ざわざわっとした感覚」……これらの情報は頭だけではなく、身体全体で受容し処理される。冷静になって考えてみれば、身体を使って五感から得られた情報はものすごい量になっていることに気づく。テレビやインターネットから得られる視覚情報や聴覚情報と比べても、五感から得られる情報の量は圧倒的に多い。

さらに、実際に「デジタル」と「アナログ」をコンピュータで扱ってみるとわかるのだが、「アナログ」を表現するときのほうが圧倒的に多くの情報量を必要とする。私たち人間は昔から、自然などの「アナログ」な対象に対し身体全体をもって向き合ってきた。そして、五感を駆使して多くの量の情報処理を行っていた。人間には本来、そのような能力が備わっているのである。そして、人間はそのような世界の中で「学ぶ」という行為を行い、それを支援するのが「教育」が持つ本来の役割であった。

デジタル時代の教育とその崩壊

「学び」とは本来、日常生活や自然の中で身体全体を通して行われなければならないのである。しかし、20世紀の学習では「頭の中に知識を蓄積する」という呪縛から抜け出せないでいた。そこでは、さまざまな知識は頭の中でどのように蓄積されているのかということの探求や、少しでも効果的に少しでも多くの知識を頭の中に詰め込むためには、どのような教育、あるいは学習が適切なのかということの探求が行われてきた。

そこには、「世の中には必ず正しい知識あるいは正解というものが存在する」という考え方が前提にあった。そして「正しい知識を簡単なものから複雑なものへ、ひとつひとつ系統的に積み重ねてゆく」という教育が、20世紀の工業社会にとって好都合だった。工業社会における学校教育は、基本的に近代西洋教育の枠組み、つまり「教え込み型の教育」に基づいていた。そして、経済至上主義や科学技術信仰という現代社会の中で発展してきた。そもそも近代学校教育自体、工場で働く労働者を対象とし、より短時間に、より多くの均一品質の製品を生産するための能力向上をひとつの目的として生まれてきたものである。

教師は「正しいとされる知識」をできるだけ短時間で効率よく子どもたちに「教え込む」ことにより、多くの「時代にとって（大人にとって）優秀な子どもたち」を生産してきた。子ども側に目を向ければ「優秀な子どもたち」は教師が意図していることを敏感に感じ取り、教師が喜ぶような「学び」を行ってきた。自分の感覚とのずれを感じたとしてもそれはあえて無視し、テストで高得点がとれる「教師の意図」を優先し、自分の「学び」をコントロールしてきた。このような教育では必然的に、教師の「教え込む」ことが中心になり、悪循環のサイクルが出来上がってしまう。

しかしその結果、教育の現場に目を向ければ、子どもたちの危機的状況が目に映る。心の崩壊、コミュニケーションの喪失、教育の歪み、そして大人や教師のあきらめにも似た無力感……これまで正しいと思って実行してきたことが大きな間違いを犯していたのではないか、と考えずにはいられない。

このような最近では「ごくありふれた状況」を目の当たりにするにつけ、「きちんとした知」や「グローバルな知」を「きちんとした学習」によって身につけようとしてきたこと自体が誤りだったのではないか、と考えずにはいられない。そして逆に、これまで私たちが「正確ではない」「いいかげんである」「グローバルではない」として排除し続けてきた「知」に対し、もう一度冷静になって検討を加えるべきではないかと考えずにはいられない。つまり私は、これまで「正確ではない」「いいかげんである」「グローバルではない」といったレッテルを貼って排除されてきたたくさんの「知」や「学び」の中にこそ、むしろ、とても大切なものが含まれていたのではないかと考えてみたいのである。

「超デジタル」な時代がやってきた

1940年代のコンピュータ誕生からしばらくの間、コンピュータは単に複雑な計算ができる工業製品であった。1980年代にコンピュータが小型化し「パソコン」と呼ばれるようになり、「便利な道具」として一般社会にも急速に浸透しデジタル時代が到来した。そして、その後のインターネットの普及やコンピュータの社会システムへの浸透など、現在では人々の暮らしのスタイルにまで影響を及ぼしている。そのような時代では、デジタルテクノロジーはもはや単なる「便利な道具」ではなく、人間にとって「空気のような存在」になりつつある。この変化は、人間の「学び」のスタイルは言うまでもなく、人間の「精神性」にまで影響を及ぼすことは間違いない。このような時代を私は、「超デジタル」な時代と呼ぶ。[注1]「超デジタル」な時代は、これまでのようなデジタルな発想ではやってゆくことが困難な時代である。つまり、デジタルを超えた枠組み（思想や方法）が必要な時代になるのである（渡部 2010b）。

「超デジタル」な時代は、これまでのデジタル時代とは異なった特徴を持つ。まず、デジタルテクノロジーの発展は、これまでの「デジタルな世界観」を大きく超える。私は本書で紹介するさまざまなプロジェクトを実施する中で、「テクノロジーの発展はアナログへ向かっている」ということを実感してきた。今、デジタルテクノロジー発展の方向性は、デジタル的特質からアナログ的特質へ転換しつつある。つまり、アナログな対象でもデジタルで表現したり取り扱うことが十分できるようになっている。このことに関しては、具体的に3点から示すことが可能である。

第1に、「超デジタル」時代のデジタルテクノロジーでは、ほぼ無限の情報量を扱えることが前提になる。コンピュータの処理スピードは年々速さを増し、さらにデータを保存する装置も「無限の情報を保存することが可能になった」と言っても言い過ぎではない（以前はハードディスクがその中心であったが、近年はさまざまな記録・保存の装置が開発されている）。その結果、対象を測定したり表現したりする場合、アナログな測定や再現に限りなく近くなるだろう。例えば、CGにおける表面のスムーズさなどは理解しやすい。昔、CGの表面はでこぼこしていたが、今はとてもスムーズに表現することが可能になった。現在、CG作品の多くが、アナログ作品との区別がつかないほど精密になっている。

第2に、デジタルテクノロジーの発展は「複雑な対象を複雑なまま扱う」ことを可能にした。デジタルのこれまでの役割は「対象を分解し、そのそれぞれの部分を分析し、詳細に明らかにすること」であった。しかし、コンピュータの処理スピードが著しく上がり、さらに無限のデータ保存が可能になった今、これまでとはまったく逆の発想で「複雑な対象を複雑なまま扱う」ことが可能になった。つまり、この方法によって私たちは、「複雑な対象を複雑なまま丸ごとシミュレーションすること」が可能になったのである。

第3に、デジタルテクノロジーのさらなる発展は「対象と状況の関係性を扱う」ことをも可能にするだろう。コンピュータの処理能力が著しく上がった現在、対象のみならずその対象が置かれている文脈や状況までも、コンピュータでシミュレーションしたり取り扱うことが可能になっている。

以上のように現在、コンピュータに代表されるデジタルテクノロジーは、今までの「デジタル」な役割に加えもうひとつの新たな、そして重要な役割を担う準備ができている。つまり、人間が対象を丸ごと理解することを助けるという役割である。対象を分解するのではなく「複雑な対象を複雑なまま扱う」、そして「対象と状況の関係性を扱う」ということにより人間の感性を刺激し、「理屈ではなく直感的にわかる」あるいは「リアリティを持ってわかる」ことの支援が可能になる。このことこそ、まさに「超デジタル」な時代におけるひとつ目の特徴である。

「超デジタル」な時代の新しい「学び」

以上のようなデジタルテクノロジーの発展は、私たちの日常生活を変え、ものごとに対する価値観を変え、ひいては私たちの「文化」をも変えるだろう。つまり、「超デジタル」時代におけるもうひとつの特徴は、「超デジタル」というこれまでになかった「知」のスタイルが誕生することにより、私たちの「学び」や教育にまでパラダイム・シフトがもたらされることである。それは、従来の「きちんとした知」重視から「よいかげんな知」重視への変化、そして「教え込み型の教育」から「しみ込み型の学び」への移行に代表される。

本書ではこの点に関して詳しく検討してゆくが、あらかじめそのポイントを示しておけば、「よいかげんな知」とは「複雑な対象を複雑なままに捉えようとする知」であり、「しみ込み型の学び」とは「対象を複雑な状況の中で捉えようとする学び」である。

このような枠組みで「学び」を捉える私の学問的な背景は、1990年代から盛んに「学び」に関する学際的な研究成果を積み重ねてきた「認知科学」にある。特に、私は認知科学における「状況的学習論」を検討の拠り所としている。

それまでのデジタル時代の考え方では、人間の認知活動はすべて頭の中の「情報処理」の結果であり、「情報処理過程」のしくみを研究すれば人間の認知活動はすべて解明できると考えられていた。例えば、人間の頭の中でどのようなメカニズムが機能することによって学習が成立するのかを明らかにすることによって、子どもたちに対する教育をより効率的に行えるようになると考えられていた。

しかし、状況的学習論の主張は、このような常識とは真っ向から対立するものだった。つまり状況的学習論は、人間の行為を人間が生活する「現場」のさまざまな事物が織りなす関係の網の目の中に位置づけて理解しようと主張するのである。

状況的学習論では、そもそも知識とは常に環境あるいは状況に埋め込まれているものであり、したがって本当の「学び」とは環境や状況の中で、それらと相互行為（相互作用）しながら成立するものである（レイブ＆ウェンガー1993）。生きてゆくために役立つ「知」は決して頭の中にあるのではなく状況に埋め込まれており、したがって私たちの「学び」は状況との相互作用によって生じるのである。20世紀末に浮き上がってきた認知科学は、そのことを強調していた。

このような特質を持つ認知科学は、「科学」の枠組みさえをも変える可能性を持つ。従来の「科学」、つまり「古典的自然科学」は基本的に実験室の中の発想で、我々の日常生活というものを考慮に入れてこなかった。なぜなら、日常世界の特徴である「あいまいさ」や「複雑さ」は、「科学」では受け入れがたいものだったからである。従来の「科学」では、「あいまいなもの」や「複雑なもの」のほとんどが研究対象から外されてきた。もし研究対象とされるような場合でも、その複雑なものを分析して要素に還元したり、あいまいなものの中から無理矢理少しでも客観性のある要素を取り出すことによって研究対象としてきたのである。しかし、「新しい科学」の枠組みでは、「あいまいさ」や「複雑性」をそのまま「丸ごと」研究対象としようとする。逆に言えば、それが可能になるほど研究方法としてのデジタルテクノロジーはすでに発展を遂げているのである（詳しくは、渡部 2005 を参照）。

「超デジタル」な学びを探求する7つのプロジェクト

本書では、第Ⅰ部において、「超デジタル」な時代の「学び」とは具体的にどのようなものかについて検討する。この検討の拠り所としたのは、私がこれまで実施してきた7つのプロジェクトである。第Ⅱ部において、それぞれのプロジェクトを紹介するが、ここで簡単に各プロジェクトの概要だけ示しておこう。

まず、インターネットを活用して利用者の「学び」を支援するプロジェクトを2つ実施した。「eカウンセリング」プロジェクトは1999年から5年間、大きな研究費を獲得して実施した大規模なプロジェクトである。当時はまだインターネット回線が細くテクノロジー自体も現在ほど発展していなかったが、動画映像や3DCGなど最先端のデジタルテクノロジーを活用し、不登校児や障害児の育て方や教育に関する「eカウンセリング」を実施した。

第2に「東北大学インターネットスクール」プロジェクトは、東北大学大学院における講義の4割をインターネットで配信することを目標に、2002年に開始されたeラーニングの先駆的なプロジェクトである。eラーニングにおける「学び」と対面講義における「学び」の違い、そして「超デジタル時代」における大学教育を考える契機になった。

次に、日本の伝統芸能や民俗芸能の継承・教育を、デジタルテクノロジー活用により支援することを目的としたプロジェクトを3つ紹介する。「伝統芸能デジタル化」プロジェクトおよび「ミュージカル俳優養成」プロジェクトでは、これまで長い時間をかけて師匠が弟子に口伝えで継承・教育してきた伝統芸能を、モーションキャプチャという最先端のテクノロジーを活用することによってデジタル化し、継承・教育を支援することを目的としたプロジェクトである。さらに「師匠の思いデジタル化」プロジェクトでは、神楽に対する師匠の気持ちや「思い」までCGを使って表現することにより、継承・教育を支援しようとした。これら3つのプロジェクトでは、デジタルテクノロジーが伝統芸能や民俗芸能に息づく「よいかげんな知」や「しみ込み型の学び」にどこまで迫れるかがポイントとなった。

「鉄腕アトム ＆ 自閉症」プロジェクトは、ロボット開発におけるコンセプトを自閉症教育にそのまま採用し、実際に自閉症児と関わってゆこうというプロジェクトである。1980年代「あいまいで複雑な日常」の中でロボット開発が行き詰まったことに着目し、重度の自閉症児が周囲の人々とのコミュニケーションを通して「自ら学ぶ力」を育んでゆくメカニズムを明らかにしようとした。

最後に「超デジタルな学びの創発」プロジェクトは、学び手が苦労しながら対象の3DCGを制作することが対象をより深く理解するためにとても役立つ、ということに気づいたプロジェクトである。デジタル教材は、効率や効果を求めた「教え込み型の教育」に適している。しかし、デジタルテクノロジーのもうひとつの使い方として、使う人自らが苦労しながらCGを制作することにより「自らの気づきや学び」

を生じさせることができることを明らかにした。

それでは早速、これまでの「デジタル」を超えたところにある「超デジタル」な学びについての探求を始めることにしよう。

第I部

「超デジタル」な学びとは何か

1・1　デジタルな学習、そして「超デジタル」な学び

人生すべてを保存する

歴史を振り返ってみれば、20世紀の後半は、脳とコンピュータの時代であった。一方で人間の脳をモデルとしてコンピュータの開発が飛躍的に進み、一方で最先端のデジタルテクノロジーが脳機能の解明に大きな貢献を果たしてきた。そして、ここでは「きちんとした知識を脳の中に効率よく蓄積してゆく」という知的スタイルが「科学的」として認知されていた。賢い人とは、脳の中に多くの知識が詰まっている人、そして必要なときに効率よく脳の中の知識を探し出し取り出すことのできる人、いつしかそのようなイメージが私たちに定着した。

さらに「情報は脳の中に蓄積される」という20世紀の常識は、「最先端のデジタルテクノロジーを活用することによって人生すべての出来事をコンピュータの中に保存しておこう」という「完全記憶」の発想を生み出すことになる。

マイクロソフト研究所首席研究員のゴードン・ベルは、2020年までにライフログ時代が到来すると予測し、「完全記憶」とはどのようなものかを詳しく紹介している（ゴードン 2010）。

まず「完全記憶」が実現されるためには、記録技術、保存技術、高度な検索技術それぞれの発展が必要であるとする。まず「記録」であるが、「まもなく自分の人生をデジタルデータとして丸ごと記録できるようになる」とゴードンは言う。入力装置としては、デジタルカメラやマイクのほか、最近では地球上の位置情報を入力するためのGPSも一般的になってきた。また、パソコンや携帯電話で予定を管理したりメモや日誌を書いていれば、それはそのまま「記録」になる。

さらにゴードンは、センサーを体内に埋め込んで健康状態を記録することに言及している。心拍数の変化、体温、血糖値、不安や興奮、緊張状能をことごとく記録し、自分の健康管理ファイルに入れておくことを推奨している。

これらのあらゆるデータは「電子記憶（eメモリー）」として個人用ライブラリーに保存される。ハードディスクなどの記憶媒体の値段が著しく安価になったことに加え、データの圧縮技術も飛躍的に進歩している。例えば、生まれてから死ぬまでの映像をハードディスクに保存するとしよう。人生を80年として、1年が365・25日、つまり80年は701、280時間。これをカメラで撮影しハードディスクに保存する。記録方式によってもその録画時間は大きく異なるが、1TB（テラバイト）[注2]あたりBSハイビジョン画質で90時間、DVDの画質で443時間である。つまり、人生80年をすべてカメラで撮影しハードディスクに保存するとしたら、BSハイビジョン画質で7、792TB、DVDの画質で1、583TBとなる。2009年末の時点で1TBのハードディスクは1万円出せば買うことができ、1、500万円出せば人生80年をすべてＤＶＤの画質で保存可能になる計算である（この値段はどんどん安くなっている）。録画スイッチをオンにしてから記憶媒体が満杯になるまで、約80年間録画し続けることが可能なのである。つまり、例えば子どもが生まれたその瞬間に録画スイッチをオンにすれば、その子どもが死ぬまで、すべての生活が映像として残すことが可能である。幼稚園の入園式や卒園式、小学校の遠足や運動会、中学校の給食の様子や修学旅行、希望の大学に入るために受験勉強に励んでいる様子、そして合格発表。恋人ができバラ色に輝いていた青春時代。就職、結婚。息子の誕生と子育てや家族旅行…そして、死の瞬間まで。

最後に「検索」だが、このテクノロジーの発展も近年著しいことは周知の通りである。グーグル（Google）がその先駆け的存在として有名であるが、そのほかにも新しい検索技術の開発が進んでおり、膨大なデータの中から希望する情報を瞬時に検索することが可能になっている。

「完全記憶」のメリットとデメリット

ゴードンは、人生の「完全記憶」のメリットとして次のことをあげている。まず、「自分の人生をデジタル化して記録すれば、自分の考え方、功績、人となりを後世に伝えられるようになる」とする。さらに驚くべき発想なのだが、「死んだ後でさえも、分身を仮想的（バーチャル）に作り出せるようになる」と言う。つまり、自分の分身としてのアバターをＣＧで作り、自分の孫たちに自慢話ができるというのである。

このような「ライフログ」に対して、「やっぱり人間の記憶のほうがすばらしい」という批判が出てくるのは当然である。これに対するゴードンの反論は、人間の記憶は「主観的で、矛盾だらけ、感情やエゴに左右され、印象に重きを置き、気まぐれだ」と言う。しかし、「ライフログ」は「客観的で、感情も想像力も交えず、容赦なく正確である」とする。

さらに、ゴードンは「思い出の品物」に対し「ほとんどの人の実物の思い出の品は屋根裏部屋で埃をかぶっている」とし、デジタル化して保存することを推奨している。「実際に触ったりにおいを楽しんだり、それが幸せなんだよねえ」という批判に対しては、「僕にとっては、解像度の高い写真が一枚あれば十分だ。もし感傷的な気分になったら、実物大のコピーをとればいい」と言う。

しかしながら、ゴードン自身も「問題点」が皆無であると言っているわけではない。彼が「問題点」としてあげているのは、GPSの記録がスピード違反のチェックに使われる懸念、記録している健康情報によって保険会社の補償範囲が狭められる根拠に使われる点などである。しかし、これらの問題に関しても将来的には、技術、法律、ビジネスなどから改善可能であろうとする。

最後に、ゴードンは人生の「完全記憶」について考えついたのは自分が最初というわけではなく、マイクロソフト社の創業者ビル・ゲイツも同じようなことを言っているとする。例えば、1995年に出版した『ビル・ゲイツ未来を語る』の中で「僕たちはいつか、自分の目にしたものや耳にしたものすべてを記録できるようになる」と言っているとする。

ゴードンの考え方は、デジタル時代の最先端を示しているという意味で大変興味深い。しかし、私がこの本を読みながら常に違和感を持っていたことは、私の人生にとって「本当に記録に残したいもの」って何だろう、ということであった。人間は「本当に記録に残したいもの」だけを「記憶」に残そうとする。

そして、それ以外の「どうでもよいこと」はすぐに忘れてしまう。私にとって「本当に記録に残したいもの」は「細々とした事実」ではない。ゴートン・ベルが言うように「完全記憶」は確かに便利かもしれないが、それが仮に現実のものになったとしても、私はそれを「幸せ」だと感じることはないだろう。それよりも、その「便利さ」と引き替えに何かを無くしそうで怖いと感じる。その「便利さ」と引き替えに「無くしそうな何か」にこそ、私は「幸せ」を感じているのだろう。

確かに、その「残したデータ」をどのように使うかは私たち次第であり、「使わない」という選択肢もあるということは理解できる。しかし、社会全体が（それを利益に結びつけようとする企業や研究業績を積み上げたがっている研究者の都合で）「残したデータは有効に活用しましょう」ということになってしまうのは目に見えており、強制的に「使わざるを得ない」ことになる可能性も少なくない。そして、すでにデジタル社会の中でいやというほど経験してきたように、そのような状況に置かれた私たちは深い「ウツ」に陥ってしまうのである。

「記録」と「記憶」

ゴートンは「ライフログ」に対して「完全記憶」[注3]として論を進めているが、武邑は「記録」と「記憶」を明確に区別しており、彼の定義に従えばゴートンの表現は間違っている（武邑 2003）。

記憶の本体は、記録の保存ではなくその生成の過程にこそあるといえる。…中略（引用者）…物財としての情報記号を何らかの価値に変換する仕組みが生成され継承されるとき、記録ははじめて記憶となる。言い換えれば記憶とは、無機物にすぎない記録に意味による経験的認知などが作用する意識的かつ能動的な作業である。そして、かかる記憶を生成し継承する作業が何らかの目的を帯びて集団規模で行なわれる現象が、文化の本体なのではなかろうか。（武邑 2003）

記録媒体に蓄積された情報を「記録」、そして私たち人間の頭の中に蓄えられている情報を「記憶」と分けて考えてみると、確かに記録と記憶では大きく意味が異なる。そして、「記録」はメディアで行うことができるけれど、「記憶」はそこに人間が介在しなければ成立しない。

例えば、私の幼稚園における思い出の中に、園庭で走り回って遊んでいるとき友達とぶつかり鼻血を出したことがある。その事件は「思い出」として確かに私の「記憶」に残っている。そして、もしこのときの「記録」が残っているとしたならば、私はこのときの様子を正確に知ることができる。なぜそんなにもあわてて走り回っていたのか。どの程度の速さで走っていたのか。ぶつかったのはどんな子だったのか。鼻血が出たのは確かなのだが、それはほんの少量であったのか、それとも結構大量だったのか。処置してくれた先生は誰か。私は泣いたのか泣かなかったのか…。これらは「その事件」の正確な「記録」となり得る。

しかし、私は「その事件」の正確な記録が欲しいとはまったく思わない。ぶつかったのは誰で、鼻血がどれほど出たか、そして処置してくれた先生は誰だったのかを知ることができたとしても、私にとっては何の意味も持たない。確かに私は現在、その先生の名前を知ることはできないけれど、私の記憶の中では

「美人で優しい先生」として鮮明に存在している。もし、その時の映像を見たならば、鼻血を処置してくれた先生がごく普通の女性であり、私は失望するかもしれない。私にとって重要なのは、私の思い出に残っている先生が美人でとても優しかったということであり、実際に彼女が美人なのか否かはまったく重要ではない。私にとって必要なのは「正しい情報」ではなく、私自身の中でデフォルメされたほのぼのとした「思い出」としての記憶である。そして、そのような記憶こそ、現在の私の「アイデンティティ」を形成しているのである。

そしてもうひとつ重要なことは、ゴートンが主張している「ライフログ」の情報のほとんどは視覚情報および聴覚情報であるのに対し、私を「幸せ」にしてくれる「記憶」には「身体性」が大きく関与しているということである。つまり、私は「手の感触」や「かすかな香り」、そして味覚を「思い出」の中に求め、それが感じられたときとても「幸せな気分」に浸ることができる。そのような意味でも、「記憶」は個人的なもの、あいまいなものにならざるを得ないのである。

「きちんとした知」から「よいかげんな知」へ

20世紀後半における科学の発展やそれに基づくテクノロジーの発展により、「きちんとした知識を脳の中に効率よく蓄積してゆく」という知的スタイルはますます強力なものになった。賢い人とは、脳の中に多くの知識が詰まっている人、そして必要なときに効率よく脳の中の知識を探し出し取り出すことのできる人、いつしかそのようなイメージが私たちに定着した。まさに、ゴートン・ベルが提案している「ライフロッグ」である。

そのようなパラダイムが社会に浸透し始めたのは、日本の場合、明治維新である。この時を契機に近代西洋文明が急速に流れ込み、その一環として「きちんとした知」が社会や学校教育の現場へ急速に導入された。そして、それ以前は日本文化の特質でもあった「よいかげんな知」が、急速に排除されていった。

ここで言う「きちんとした知」とは、論理実証主義に基づく明確で客観的な「知」である。明治以降、日本の学校教育では、あいまい性がなく普遍的な「知」のみを教育の対象としてきた。このような「知」を教え込むことによって効率よく知識を積み重ね、大きな目標を達成できると考えられた。デジタルテクノロジーとの相性が良く、２０００年頃から流行しだした「eラーニング」にも適しているとされる。

一方、「よいかげんな知」とは漢字で書けば「好い加減な知」であり、ちょうど好い湯加減、ご飯が好い加減に炊けた、というときの「好い加減」である。「きちんとした知」のようにものごとをゼロかイチか明確に決めるのではなく、ゼロとイチの間をその都度「状況」に合わせて柔軟に行ったり来たりするような「知」である。「よいかげんな知」は、「目安」「目分量」「いい塩梅」という日常生活で使用される表現とも類似している。

このような感覚は、昔の日本では日常生活の中にあふれていた。お母さんが料理をするとき、計量カップなどを使用することはほとんどなかった。ほとんどが目分量でみそや醤油を鍋の中に加えていた。それでも、出来上がった料理には「微妙なうまみ」が出ていた。また、風呂を沸かすときにも、現在のように「設定温度」などなかった。適当にまきをくべ、適当に時間を見ていた。それでも、風呂に入るときには良い「湯加減」になっていた。

現在では、これらの設定はすべてコンピュータがやってくれる。炊きあがりの時間だけ設定すれば、希望した時間にはふっくらとご飯が炊けている。「始めちょろちょろ中ぱっぱ……」は、すべてコンピュータがやってくれる。また、時間と希望の温度を設定しておけば、入りたいときに風呂が沸く。しかし、その便利さと引き替えに、私たちは良い加減、目分量、あんばいなどをうまくこなす能力を失ってしまった。それが最近の悲惨な事件の頻発につながっている、と私は考えている。昔も「不良」や「いじめっ子」はたくさんいたが、大きな事件にまで発展することはほとんどなかった。それは、彼らが「手加減」することを知っていたからである。しかし、現代の子どもたちはそれを知らない。限度がわからずとことんやってしまい、そして悲惨な事件にまで至る。

さらに近代の教育は、常に正確な数値で回答することを要求してきた。教師が求める回答は、多くの場合ひとつである。そして、その答えは正しいか間違っているか、必ずそのどちらかである。そこには「好い加減さ」がほとんどない。

一方、「よいかげんな知」は、学び手がさまざまな「状況」と相互作用することによって獲得される。さまざまな「状況」と相互作用する中で最終的に出るだろう結果を予測し、アド・ホックな（その都度その都度の）決定を意識的、あるいは無意識にくだす。それは多くの場合、「頭で考える」というよりは「身体が自然に動く」ものである。そこでの身体は、「状況」とのインターフェイスとなる。

「よいかげんな知」は、「きちんとした知」のようにものごとをゼロかイチか明確に決めるのではなく、ゼロとイチの間をその都度「状況」に合わせて柔軟に行ったり来たりするような「知」である。このような特質を持つ「よいかげんな知」はまさに、「超デジタル時代」に必要不可欠な「複雑な対象を複雑なままに捉えようとする知」なのである。

デジタル時代における学習の常識

これまでの教育では「きちんとした知」の獲得が重視されてきたが、そのとき行われるのは「学習」であり、本来の意味での「学び」ではない。松下は、「学習」と「学び」の違いを「目標があるか無いか」という視点でまとめている（松下 2010）。

まず「学習」では、「何を学習するのか」という明確な目標を立て、その目指す目標に向かって学習を進める。目指す目標がなければ人は学べないし、学ぶ動機も得られない。このとき、その目標は「希望する大学に入るため」「あこがれの職業に就くため」「自分らしく生きるため」などさまざまであり、あるいは「楽しいから」とか「やらないと将来が心配だから」などが動機になることもあるだろう。「何を学習するのか」という明確な目標が決まれば、あとはそれに向けてどのような教材を使い、どのように教えるかが重要になる。このような学習観、教育観に対し私たちはまったく違和感を持たない。これが現代教育の常識であり、それ以外のパラダイムは考えることができないとされるかもしれない。

しかし、松下は、このようなパラダイムは近代西欧に誕生したものであり、歴史的・社会的には特殊なものにすぎないと言う。つまり、目標に向けて合理的に人間作りをするという意味での「教育」は15世紀の西欧において錬金術をモデルにした考え方であり、19世紀半ば以降の学校教育制度の発展とともに広がっていったにすぎない。松下はこのような「国民国家の発展に伴って勢力を拡大していった〝学習〟は、産業社会以降に支配的になった活動様式としての労働（labor）のひとつのバリエーションとしてみなすことができる」として、次のように「労働」と「学習」の共通点を見いだしている。

両者とも自己（個人や集団）の利益や欲望充足を得るための手段にすぎず、労働や学習それ自身は苦役でしかない。より小さい苦労でより大きな成果や利益をあげるものが最もすぐれた労働や学習ということになる。（松下 2010）

学習者が置かれた状況や文脈の無視

さらに、「いったん目標が設定されたらあとはもっぱら目標達成のための方法に関心を向ける」という点で、「労働」と「学習」は一致している。したがって、労働と同様に学習もテクノロジーとの相性がいい。テクノロジーの発展こそが労働や学習をより確実で効率的なものにし、さらにはそれらに伴う苦痛を軽減してくれるからである。

このようなパラダイムのもとでは、学習を効率的に行うためにさまざまな手法が生み出される。例えば、本来は工場での「物づくり」のために開発された「ＰＤＣＡサイクル」と呼ばれる生産工程・業務管理を行うためのシステムが、「人づくり」というとらえ方から学校現場へ導入された。これは「Plan（計画）→Do（実施）→Check（評価・検証）→Action（対策）」という流れにそって学習を行うことにより、学習をいっそう合理的にコントロールしようとする。このシステムを「教育」に導入することにより、まさに工場における「物づくり」と同じように効率的に「人づくり」が可能になると言うのである。

しかし、このような「学習」の枠組みは私たちに多くの「負の副作用」をもたらしてきたと、松下は言う（松下 2010）。

そもそも知識や技が捉えているのは、一定のまとまりをもった「意味システム」である。しかしながら、これまでの学習は「知識や技を成り立たせているコンテクスト」や「学習者が置かれた生のコンテクスト」を無視し、あるいは意識的に切り捨てる。ここで言う「コンテクスト」とは、学習者が置かれた状況や文脈を指す。本来の「学び」は学習者が置かれた状況や文脈、つまりその「学び」を取り巻くさまざまな意味が関連して起こる。しかし、近代教育はそのようなコンテクストを意識的に切り捨てることにより可能になる「客観的知識」の獲得を意図してきたのである。

その結果、「学習」によって習得できるのは「世界の表象 representation」だけである。「世界の表象」とは、実際に知識や技が捉えている世界（＝意味システム）を何らかの「記号（言語や図絵など）」によって代理させたものでしかない。したがって、表象の獲得としての学習をどれだけ積み重ねたところで、知識や技を「生きて働く」ものにすることはできない、と松下は指摘する。

さらに近年、学習の「評価」が必要以上に重視されるようになってくると、学習内容を知識や技能の「測定可能」な部分に限定しようとする考え方や、学習内容を具体的な行動に置き換えることにより高い評価を得ようという考え方が登場するようになる。そして、短期間で確実に学習成果をあげるために、よりコントロールしやすいものが学習内容に選ばれることで現実世界とはかけ離れた学習内容になってしまう。

この考え方がさらに進むと、学習成果を確実に向上させるために学習者の生物学的・生理学的条件（脳内物質や遺伝子）にまで操作が及ぶようになる危険性があることを、松下は警告する。

「学習」から「学び」へ

一方、このような「学習」のパラダイムとは別に、目標を必要としない「学び」の系譜があることを松下（2010）は強調する。それは人類が古く昔から長い時間行ってきた学びではあるが、近代社会や学校教育から見ると「過去の遺物」であり、公的な教育の世界からは無視・排除されてきた学びでもある。日本の場合、伝統的な学びが見様見真似を重視することから、このような学びを表すときには「真似ぶ」を語源とする「学ぶ」が使われている。

このような「学び」は、特定の目標の達成を目指すのではなく、さまざまな環境に生きる存在としての人間の「生」をより良いものにしてゆくような行為である。それは、伝統的社会における模倣と習熟を通じた学びや実践共同体への参加によって得られるような「学び」でもある。松下は、「学び」とは「〈人 - 道具 - 環境〉システムの変容」であると言う。ここで言う「道具」とは、これまでの「学習」においてそうであったような「目標達成のための手段」として位置づけられるような道具ではない。「学び」の考え方では新たな世界と出会い、それに馴染んで自らの環境とし、その環境と調和的な関係を築いてゆくが、そのための媒介として機能するような物や観念、そして身体技法などを「道具」と言う（本書のテーマであるデジタルテクノロジーが、私にとってはまさにこの意味での「道具」である）。

学習が「労働」を範型とするのに対し、「学び」は「仕事」の中で行われると松下は言う。労働では、目標の達成に役立つ材料や方法をあらかじめ選別し、規格化し、合理的に計算された計画に従ってそれらを配列する。それに対し仕事の中で行われる「学び」は、目的意図が活動を導くときでもそれは暫定的な見通しであり、状況の変化や活動の進行に応じて修正される。目的意図を実現するために用意された材料（ものや言葉）は、それぞれの特性や個性により個々に応じて考慮される。だからこそ未知の材料が出現するたびに、「学び」の目的意図を再形成することが可能なのである。

学ぶ者の立場に立てば、「学び」が目標を持たず即興性に満ちているにもかかわらず道を見失わないのは、学ぶ者が従事している「実践」には価値が組み込まれており、その価値が学びを方向付けてくれるからである。松下によれば、「実践」の内部には「善さ」の基準が組み込まれており、その「善さ」は実践者の「鑑識眼」でのみ理解可能である。

このような仕事、実践、鑑識眼は、典型的には伝統工芸の職人技に認められる。例えば、伝統工芸の板金職人は「たたく」という行為にも重大な意味を持っており、その実践（仕事）の中にその人独自の「善（卓越性）」が位置づいている。この「善」はとても漠然としたものかもしれないが、明らかにその実践（仕事）の方向性を定めている。さらに、逆に言えば、このような「善」を自らの鑑識眼により実践（仕事）の中に見いだした者のみが「名人」と呼ばれるまで「学び」を継続できるのだろう。

以上のように、松下は「学習」と「学び」を明確に区別しているが、私たちにとって必要なのは「学び」のみであり「学習」は不必要なものであると言っているわけではない。松下は「二項対立的思考に陥り、学習と学びのいずれかを選ばなければならないと考えるのは早計である」としたうえで、次のように言う。

肝心なのは、生物学的‐社会的存在としての人間にとって「学習」よりもはるかに本質的なものと考えられる「学び」を、学ぶことの土台に据えることである。(松下 2010)

「学び」という支えがなければ学習面(例えば受験勉強)での成功はおぼつかない。しかし、実践を豊かにし「学び」の可能性を広げてくれるのであれば、学習もまた積極的な意義を持つのである。

日本の母親は「しみ込み型」育児

私は、松下の指摘している「学び」が東洋《あずまひろし》の提唱している日本的な「しみ込み型」の育児や教育に相通じるものがあると考えている。東のグループは、1970年代に約10年間にわたって日本とアメリカの母親の育児態度に関する詳細な比較調査を実施した。その結果、アメリカの母親が「教え込み型」育児だったのに対し、日本の母親は「しみ込み型」育児であることを明らかにしている(東 1994)。

まず東は、日本とアメリカの母親に対する面接調査の中で「お子さんに文字を教えるためにどんなことをしましたか」という質問をした。すると、子どもの文字能力はほぼ同レベルだったが、日米の母親でその回答には大きな違いがあったと言う。アメリカの母親は自分がやった意図的な試みを具体的に答えたのに対し、日本の母親では「別に教えませんでした」という反応がほとんどだった。その回答を受けて「ではどうしてお子さんは字が読めるようになったのですか」と問うと、大半の答えが「自然に」というものだった。

次に、「形の名前を教えましたか」「数を数えることを教えましたか」という質問をした結果、「教えなかった」という回答が日本の母親のほうが明らかに多いという結果であった。しかし、子どもが示したそれらの能力には、日米でほとんど差はなかったと言う。

さらに東は、4歳の子どもを持つ日米の母親に対し、実験的に子どもに対する対応の違いを明らかにしている。まず母親に、たくさんの積み木を一定の法則に従って特定の形や特徴の組み合わせで分類する作業を覚えてもらい、その後それを子どもに教えることを要求した（例えば、○印で長いのはここ、×印で短いのはここ……）。その結果、アメリカの母親は言葉によって分類の要素を一つひとつ子どもに教え、それを子どもに言葉で確認しながら教えていくという、言葉による分析的で組織的な教え方だった。一方、日本の母親は、言葉で教えるよりは、まず母親自らが子どもの目の前でやってみせ、次にその通り子どもにやらせてみる。できないとまた母親が自分でやってみせて子どもに挑戦させ、その過程を繰り返すという方法が一般的であった。しかし、子どもが示した正答率や正答するまでの時間に、日米で差はなかった。

このような一連の調査や実験の結果から、東は次のように結論づけている。アメリカの母親は言葉で表現して分析してわからせる教え方、知識を持っている母親が権威をもって子どもにその知識を伝授するというやり方、つまり「教え込み型」の育児を行っている。それに対し日本の母親は、模範をやってみせることで子どもにどうしたらよいか見つけさせるのが一般的である。権威をもって子どもの前に立ち知識を伝授するというのではなく、できてほしいという母親の「思い」を子どもにしみ込ませ、子どもはそれを原動力に一生懸命がんばるという、つまり「しみ込み型」の育児を行っていたということである。

「しみ込み型」の方略をとる日本の母親は、アメリカの母親に比べて、就学前の子どもにとりたてて意図的に教えることはしない。文字や数を直接教えることは避け、もっぱらよい環境を子どもに与えることにこまやかな配慮をする。子どもはとりたてて教えなくても環境から学ぶものだし、周りの人々の真似をしたり大人に対し質問攻めにしたりして知識を取り込むもの、と考えるのである。これが日本の「しみ込み型」の教育を支えている学習観であると、東は指摘する。

教育における「教え込み型」と「しみ込み型」

さらに東は、教育にも「教え込み型」と「しみ込み型」があり、それぞれその基本的な考え方から具体的な方略まで大きな違いがあることを指摘する（東 1994）。

「教え込み型」教育の典型は近代以後に始まった学校教育であり、基本的に子どもは教えられることによって学習するという前提に立つ。教える者と教えられる者とが向き合っての意図的な教授である。そこでは「教える者」（教師）と「教えられる者」（学習者）の役割がはっきり分かれて存在することが前提になる。教える者はそこで必要とされる知識や技能を持っており、また教えるためのカリキュラムを持っている。教えられる者はその知識や技能を持っていないので、それを獲得することを必要としている。その落差が両者の間に権威と受容の関係を生むとする。

これに対して「しみ込み型の学び」は、模倣および環境の持つ教育作用に依存する。環境が整っていてよいモデルがあれば子どもは「自然に」学ぶ、という前提に立つ。ここで言う環境は、物の環境も含むけれども、より重要なのは人の環境である。人と一緒にいろいろな活動をしているうちに、その人の持っている知識や技能や考えについても自然に学んでしまう。「門前の小僧習わぬ経を読む」の類である。「しみ込み型の学び」の典型として、日本における伝統芸能の継承がある。能や歌舞伎、そして神楽など地域社会に伝わる民俗芸能の「わざ」は、「しみ込み型の学び」により師匠から若い世代に伝えられる。「しみ込み型の学び」においては、教える者・学ぶ者の役割分化があいまいである。技量や習熟度の差はあり、模倣される側とする側の分化はあるにしても、同じ仕事に取り組んでいる。しかし、カリキュラムを定め実施する者とそれを受ける者というはっきりした権威の落差がない。言葉による伝達が少なく、師匠からは短い評価と質問に対する応答が送られるにすぎない。その代わりに師匠は弟子と同じ環境で行動し、弟子に対して積極的な模倣を促すのである（伝統芸能の継承に関しては生田（1987）に詳しい）。

師匠はまた、「学び」が起こる状況や環境を注意深く準備しているということも重要である。例えば、内弟子を持った師匠は、内弟子が芸を盗みやすいように環境を設定するだろう。また親子の場合では、例えば子どもとどういう活動を一緒にするか、どういう種類の本を与えるかなどについて計画することで、教える者が環境をコントロールし、さらには「しみ込み型の学び」がどのように起こるかをコントロールすることも少なくない。しかし、「教え込み」におけるように、学習者の活動を直接コントロールするのではない。教え手の仕事は環境を組織し、その教育的な作用を活性化し、その中での活動のモデルとして自らを提供するのにとどまっていると東は指摘する（東 1994）。

以上、ゴードン・ベルの「完全記憶」という考え方を紹介し、そのような考え方とは対極にある考え方として松下および東の研究を示した。

私は、「きちんとした知」を「教え込み型の教育」で獲得しようとしたとき、松下の言う「学習」が生まれると考える。また、松下の言う「学び」をさらに詳細に言い換えれば、「よいかげんな知」を「しみ込み型の学び」で獲得するというように表現できると考えている。

確かに、これまでのデジタル時代には「学習」が求められ、学校教育でも「学習」が教育における唯一の選択肢とされてきた。しかし、これからの「超デジタル」な時代には、「よいかげんな知」を「しみ込み型の学び」で獲得することが求められるようになるだろう。

そして、「しみ込み型の学び」という考え方は、私が行ったプロジェクトの多くで基本的なコンセプトのひとつになっている。特に、「鉄腕アトム＆自閉症」プロジェクトでは母子関係において、「ミュージカル俳優養成」プロジェクトでは養成所の講師と研究生の間に、そして「伝統芸能デジタル化」プロジェクトおよび「師匠の思いデジタル化」プロジェクトでは師弟関係の中で、「しみ込み型の学び」は重要な役割を果たしている。

これらについては、後の章でそれぞれ詳しく検討する。

1・2　複雑な日常に「やわらかな態度」で向かう

あいまいで複雑な日常生活の中で

「鉄腕アトム ＆ 自閉症」プロジェクトにおいて自閉症児[注4]と関わり始めた当時、私には非常に気になっていることがあった…「日常」は、私たちが考えている以上にずっとあいまいで複雑なのではないか、ということである。

まず、私が実際に経験したエピソードを紹介することから始めよう（渡部 2003）。

私の小学生の頃には、どんなに朝早く学校に行っても教室に入れた。しかし、最近では夜間、教室の鍵を閉めているらしい。

ある朝、先生が少し遅刻し特別支援学級の鍵を開けるために急いで教室に行ってみると、自閉症の健太（仮名）が教室のドアの前で立っていた。廊下はびしょぬれ、健太のズボンも濡れている様子。先生はとっさに言った。

「どうしてトイレに行かなかったの？　トイレはすぐそこなのに！」

健太は入学当初、昇降口から教室へ行き先生が来るまで待っているという一連の行動ができなかった。そこで担任の先生は、昇降口の写真カード、下駄箱の写真カード、階段の写真カード、教室の写真カード、自分の机の写真カード、トイレの写真カード…を作った。これで健太は、束ねられたそれらのカードを上から順番にめくっていくことによって、一連の行動を遂行することができる。

数週間後、このカードと先生の熱心な指導のおかげで、健太はこれら一連の行動が可能になった。そしてその日も、いつものように昇降口から入って、いつものように下駄箱に靴を入れて、いつものように階段を上って、いつものように教室の中に入って、いつものように自分の机の上にランドセルをおろして、いつものようにトイレに行って、いつものように…のはずであった。

ところが、たまたまその日は違っていた。教室のドアには鍵がかかっていたのである。彼が持っていた写真カードの中には鍵のかかったドアなどもちろんなかったし、彼の行動レパートリーにも「ドアの前にランドセルを置いてトイレに行く」という選択肢はなかったのだった。

改めて考えてみると、日常生活では予想外のことが頻繁に起こっている。いつもは冷蔵庫の中にあるはずの牛乳がたまたま切れていたり、いつもは時間通りに来るはずのバスがたまたま渋滞でいつも通りにはこなかったり…。私たちなら何気なく対処可能なこんな出来事が、自閉症の子どもたちにとっては大問題となる。事前に、一つひとつ対処法を指導されていればよいが、そんなことは絶対不可能。日常の中で起こりうる可能性のある出来事は、無限にある。

もちろん、このような特徴を持つ自閉症の子どもたちに対してどのように教育したらよいのかということについては、これまで多くの教育の専門家（教師や研究者など）が研究を積み重ねてきた。彼らが最も大切だと考えていることは、自閉症児に対する教育は一般教育に対してずっとデリケートであり、したがって科学的できめ細かな教育が必要ということ。つまり、子どもたちの障害の種類や重症度を客観的・分析的に明らかにし、簡単なことから複雑なことへと系統的に一つひとつ丁寧に教え込んでゆくということが大原則になる。健太に対する写真カードを活用した指導も、この原則に従っている。それにもかかわらず、上のような事件が起きてしまった。先生がちょっと遅刻した。たったそれだけで、事件が起きてしまったのである。

「うどんの中にネギを入れる」のは簡単か？

もうひとつ、ある特別支援学校の調理実習を見学したときの経験である（渡部 1998）。

先生が「うどん作り」のため学級の子どもたちに用意した教材は、5枚のカードであった（図1）。何枚のカードを用意するかは、それぞれの子どもの障害の重さで異なってくる。障害の軽い子どもに対しては4、5枚のカードで十分だが、障害が重くなればなるほどそのカードの枚数は増えてくる。とりあえず先生は、自分の学級の子どもたちだったら5枚のカードで十分と考えたわけである。

確かに、障害の軽い子どもに対しては、料理のおおまかな手順を示せばよいだろう。彼らは、1枚目からそのカードにしたがって作業を行い、それが終了したらそのカードをめくって2枚目に進む。そうやってカードを1枚ずつこなしていき、最終的には「うどんの出来上がり」ということになる。

ところが、障害の重い子どもにとって、それはそれほど簡単なことではない。例えば、障害の軽い子どもが難なく通過した1枚目のカード「お湯を沸かす」ということでも、さらに数枚のカードを用意する必要がある。つまり、「なべを用意する」「なべに水を入れる」「なべを火にかける」「沸騰するまで待つ」などのカードを新たに用意しなければならない。重い障害を持つ子どもはそのカードを1枚1枚めくりながら、一つひとつの作業を確実にクリアしていく。このような指導は「スモール・ステップ」と呼ばれ、現在の特別支援教育では鉄則として守られている。

さて、それでは、さらに重い障害を持つ子どもたちに対してはどうだろう? この程度の「スモール・ステップ」では不十分と考えられた場合、さらにそのステップを細かく分けることになる。つまり、図で示した「お湯を沸かす」という1枚目のカードは、「なべを食器棚から出す」「なべを水道のところまで持っていく」「なべに水を入れる」「なべをガスレンジにかける」「ガスレンジのつまみを回して火をつける」・・・。障害の軽い子どもでは1枚のカードで十分だった「お湯を沸かす」という作業でも、何十枚というカードを必要としてしまうのである。

図1　うどん作りの手順を示したカードの例（渡部 1998）

予期しなかった出来事

さて、私が調理実習を見学していたとき、知的障害のあるまさる君（仮名）にひとつの事件が起こった。まさる君の役割は、他の仲間が作ってくれたうどんの中にネギを切って入れるという仕事。障害の重さを考慮して先生が決めた「最も簡単な作業」だった。先生の考えていた「ネギを切ってうどんに入れる」ための作業時間は、5分。ところが実際には、「ネギを切ってうどんに入れる」のに30分以上かかってしまった。見学後の反省会で、このときの様子を先生は次のように語った。

まさか「ネギを切ってうどんに入れる」という作業がそんなにも難しいとは、思ってもみませんでした。本当に、5分もあれば十分だと信じていました。

ところがまさる君は、1片ごとに包丁をネギの上にのせて「ここを切ってよいか?」とでも言うように私の顔を見ます。そこで「切っていいよ」と言うと、ようやく切ることができるのです。さらに困ったことに、その切ったネギをうどんの中に入れるときにも、なかなか入れることができません。直径20㎝くらいのドンブリのどこの位置にその1片のネギを入れたらよいのかわからないのです。いろいろと「あっちに入れようか、こっちに入れようか」と迷っていますので適当なところで私が「そこでいいよ」と言ってやると、それでも不安そうな顔をしながら指に摘んでいたネギを離します。

結局、そんなこんなで5分と予定していた「ネギを切ってうどんに入れる」というまさる君の作業が終わったのは、何と30分も後のことでした。

私がとても簡単な作業だと思い込んでいた「うどんの中にネギを入れる」という作業が、「まさる君にとってはとても難しい作業なんだ」ということを知りました。(特別支援学校の教師)

改めて考えてみればまったく当たり前のことなのだが、「ネギを切ってうどんに入れる」という1枚のカードには膨大な量の情報が含まれている。障害のある子どもにとっては、それを理解することが非常に難しい場合がある。それに気づかされるのは、まさる君の示したような現象に出会ったときである。まさる君に調理指導をしていたこの先生だけでなく、私たち誰しもが「ネギを切ってうどんに入れる」ということを「簡単な作業」と思ってしまう。しかし実際には、この一見「簡単な作業」を遂行するためには膨大な情報処理が必要なのである。逆に言えば、人間は膨大な量の情報処理を、日常生活の中で意識することなくいとも簡単に行っているのである。

マクドナルドでチーズバーガーを買おう

もうひとつだけ、「日常はあいまいで複雑である」と実感した経験を紹介したい（渡部 2005）。

特別支援学校では、生活能力を指導するためにしばしば「買い物指導」が行われる。これはもちろん、日常生活で困らないようにと言う配慮のもとに行われるのだが、それに加えお金の計算という算数能力向上という目的もある。

私が見学に行ったとき行われていた授業は「研究授業」ということもあり、とても入念に準備されていることがすぐにわかった。教室には、子どもたちが大好きな「マクドナルド」の店が再現されている。お店のシミュレーションとして、あの「マクドナルド」の看板がほとんど本物かと思われるようにかけられていた。ふたりの先生のうち若いほうの先生が店員役になり、その象徴としての帽子をかぶっている。子どもたちは、小学校3年から6年までの自閉症児や知的障害児が4名。大好きな「マクドナルド」の店を前にして、ワクワクしている様子である。

年配の先生が口火を切った。

「今日は、皆さんが大好きなマクドナルドのお勉強です。先生たちは一所懸命こんなすてきなお店を作りました。」

子どもたちは「すごいなあ、かっこいいなあ」と感激している。

先生「今日は、このマクドナルドの店でチーズバーガーを買うというお勉強をしましょう。皆さんが上手にチーズバーガーを買えるようになったら、課外活動の時間に駅前のマクドナルドの店に行って、実際にチーズバーガーを買ってみましょうね。」

まずは、教室の中で十分に練習してから、最後に実際のマクドナルドの店に行って「仕上げ」をするという計画らしい。確かに、最初から実際のマクドナルドの店に行けば、いろいろと失敗するだろう。

年配の先生は、おもむろにひとつの箱を取り出した。そこには、マックバーガー、チーズバーガー、ダブルバーガー、シーフードバーガー…などの写真とその名称、そして値段が書いてあるたくさんのカードが入っていた。その他にも、ホットコーヒー、アイスコーヒー、コーラ、ジュースなどのカードがあった。事前に先生がそれらすべてを購入し、ポラロイドカメラでひとつひとつ写したのだろう。かなり手の込んだ教材である。

授業は順調に進み、各々の子どもたちは無事「マクドナルドのお店」でチーズバーガーを買うことができた。障害の重い子どもはカウンターのところで「チーズバーガーを下さい」と注文することを学び、障害の軽い子どもは正しくお金を支払いおつりをもらうことが学習できた。最後に先生は次のように宣言し、この授業は終了した。

「皆さん、今日は良くできましたね。次回は2つの品物、例えばチーズバーガーとジュースを買うというお勉強をしましょう。」

この研究授業を見学していたほとんどの先生は、入念に準備された授業にとても感心している様子だった。しかし、私には言いようもないほどの違和感が生じた。それは、次のような違和感である。

実際に私たちがマクドナルドの店でチーズバーガーを買うときのことを思い浮かべてみよう。チーズバーガーを買おうとお店に行ったとしても、例えばチーズバーガーが売り切れだったり、店でフィッシュバーガーを食べている人を見たら急にフィッシュバーガーが食べたくなったり……。あるいは、いつもは高くて買えないダブルバーガーがサービス期間中でチーズバーガーより安かったり、予定通りチーズバーガーを買って「さあ食べよう」と包みを開いたとたんポトッと中身を落としてしまったり……。実際の生活では予想もしていないさまざまなことが起こり、何が起こるか予想できない。

ここで問題なのは、「あいまいで複雑な日常（＝無限）」と「教室内のシミュレーション（＝有限）」との間に本質的な違いはないのかということである。つまり、教室内のシミュレーションとして先生が店員になり「チーズバーガーを買う」という事態を綿密に計画された場面と、実際のマクドナルドの店で「チーズバーガーを買う」という場面は、本質的に同じなのかという問題である。これは、教室内のマクドナルドのお店でチーズバーガーを買うことのできた子どもは、本当に実際のマクドナルドのお店でチーズバーガーを買うことができるのだろうか、という問題でもある。

「マクドナルドでチーズバーガーを買う」という能力は、実際に「マクドナルドでチーズバーガーを買う」ことによって初めて身につくものではないだろうか？

そのような素朴な疑問が、私の中でむくむくと大きくなってゆくのであった。

ロボット開発における行き詰まり

以上、紹介した3つのエピソードに共通しているのは、私たちが普段何気なく生活している「日常」は非常にあいまいであり、しかも複雑だということである。いつもは開いている教室のドアに、たまたま鍵がかかっていることもある。うどんのどんぶりの中にネギを入れる場合、その入れ方には無限の選択肢がある。また、マクドナルドのお店でチーズバーガーを買おうとしても、実際にお店に行けばさまざまな「予期せぬ出来事」が待っている。その中で私たちは何とかうまく情報を処理し、不都合なく日々を暮らしている。しかし、「学び」に対して非常にデリケートな障害を持った子どもたちは、しばしばその「あいまいで複雑な日常」に躓いてしまう。「日常」の中に存在する膨大な量の情報をどのように処理したらよいのか、わからなくなってしまうのである。

その解決のヒントが「ロボット開発」の現場にあることに気づいたのは、私が幼い頃大好きだった鉄腕アトムが「なぜ未だに実現していないのか」ということを調べているときであった。鉄腕アトムは、自分自身の意志を持ち、自分自身の判断で行動していた。しかし、近年のロボット開発の勢いは目を見張るものがあるとはいえ、現在のところ鉄腕アトムのようなロボットは実現していない。「なぜ鉄腕アトムは未だに実現していないのか」ということを調べているうちに、私は非常に驚くべき事実を知ることになった。それは、次のような事実である。

ロボット開発の現場では、1980年代に「フレーム問題」と呼ばれる行き詰まりが起こった（佐々木1994、マッカーシー他 1990）。1980年以前、つまり「フレーム問題」が起こる以前、ロボット開発の研究者はひとつの基本方針を持っていた。その基本方針とは、「ロボットを人間に近づけるために、ロボットにさせたいこと一つひとつ系統的にプログラムしていく」というものだった。コンピュータの著しい発展と研究者の努力によって、1980年までにかなり優れたロボットが完成した。そのロボットは、人間の指示に間違いを犯すことなく忠実に従うことができた。研究者は完成したロボットを実用化しようと、実験室から私たちが生活している「日常」にロボットを運び出した。そして、「フレーム問題」にぶち当たった。

「フレーム問題」とは簡単に言えば、あいまいで複雑な日常の世界（つまり、無限とも言えるほどの情報があふれている世界）の中で、ロボットが、あるいはコンピュータが、どの情報を処理したらよいかがわからず機能停止してしまうという問題である。人間ならば、自分が行おうとしている活動にとって必要な情報だけを無限に存在する情報の中からフレームで囲うことによって取り出し、その取り出した情報だけを処理し自分の活動に利用することができる。しかし、活動すべきことを人間によって「一つひとつ系統的にプログラムされた」ロボットにとって、目的の活動に必要な情報と必要でない情報とを区別することは不可能なことであった。

この行き詰まりの最も大きな原因は、「この世の中はあいまいで複雑である」、つまり「日常世界には無限とも言えるほど多くの情報があふれている」ということを、設計の段階で考慮していなかったことである。それまでのロボット開発は、あいまいさがなく環境の変化も少ない実験室で行われていたからである。しかし、実験室での開発が成功し、それでは日常の中で試してみようとした瞬間、ロボットは一歩も動けなくなってしまった。「あいまいで複雑な日常」の中で自然に振る舞うことは、予想以上に困難なことだったのである（佐々木 1994、マッカーシー他 1990）。

「認知科学」の誕生

「フレーム問題」以前、人間の「知」を探求していた認知心理学者やコンピュータ科学者に共通していたことは、「頭の中で起こっていること」を明らかにしようとしてきたことである。人間の「頭の中で起こっていること」を明らかにしてモデル化し、それをロボットにプログラムすれば、ロボットも人間と同じように振る舞えるだろうと考えられてきた。さらに、「知」が脳に存在するという考えは、脳の神経回路網と同じような構造のコンピュータ・モデル「ニューロコンピュータ（ニューラルネットワーク）」を構築しようという試みを導いた。

ところが、「フレーム問題」という行き詰まりが現れ、研究者はこの問題について改めて考え直す必要にせまられたのである。そして、研究者の中には次のように考える人が出てきた。

まず、自分たちが陥った「フレーム問題」は、最初から「環境（これはとてもあいまいで複雑である）」というものを無視し実験室に限定したことに原因があった。これまでは、「環境」というものをほとんど考慮することなく、主体である人間やロボットの「頭の中で何が起こっているのか」だけに着目していた。しかし、人間の「知」というものを環境から切り離して考えている限り、「フレーム問題」からは逃れられないだろう。

冷静に考えてみればすぐにわかることなのだが、情報というものは人間を取り巻く環境そのものの中に存在している。例えば、一歩前進したことにより今まで見えていた目印が見えなくなるということは普通に起こりうる。この現象は、たとえその場における情報処理に成功しうまく稼働したとしても、その稼働の結果として「状況（環境）」自体に変化が生じてしまい、一瞬として同じ状態は保たれないという本質的な問題を示している。つまり、環境の中に埋め込まれている情報を無視したのでは、人間もロボットも環境の中でうまくやってゆけるはずがない。

もし、このように考えたならば、私たちがしなければならないことは、最初から何もかにもロボットに対してプログラムしてあげるのではなく、ロボット自身が環境の中で試行錯誤しながら、つまり環境と相互作用を行う中で、ロボット自らが学んでいけるようにロボットを設計しプログラムすることなのである（橋田 1994、岡田 1995、松原 1999）。

このように考えたコンピュータ科学者（ロボット研究者）を中心にして、1990年代になると心理学、脳科学、哲学、教育学、言語学などさまざまな分野の研究者が「知」の探求というひとつのテーマをかかげて多くの共同研究プロジェクトを立ち上げた。この世界的な潮流が文理融合的な（学際的な）「認知科学」という新しい学問領域を生み出し、新しい枠組みを用いた「知」に関する探求が開始されたのである。

複雑な対象には「やわらかな態度」をとるという考え方

日常世界は一見単純そうに見えるが実は非常に複雑であり、しかもあいまいである。「あいまいで複雑な日常」ということは、「日常には無限とも言えるほどの情報が存在している」と言い換えることができる。そして「人間はあいまいで複雑な日常の中で何とかうまくやっている」ということは「人間は無限とも言えるほど膨大な量の情報をうまく処理している」と言い換えられる。それでは、私たちはどのように無限とも言えるほど膨大な量の情報を処理しているのだろう？

認知科学者は、次のように考えた。まず人間は、「無限とも言えるほどの情報が存在している日常」をとりあえずのフレームで囲うことにより、今自分が必要としている情報を限定する。フレームで囲われた情報は完全なものではなくあくまでも「部分的なもの、一時的なもの」ではあるけれど、とりあえずそれだけの情報を処理し何とかうまくやっていこうと試みる。もちろん、一度でうまく行かない場合も多いだろう。一度でうまくいかなかった場合、何度も試行錯誤しながらそのフレームを修正する。修正を繰り返しながら、何とか自分の目的と照らして「よいかげんなところ」にフレームを落ち着かせる。そして結果的に、100パーセントではないにしても「そこそこのところ」で何とかうまくやってゆく。これが私たち人間の「日常的な姿」である。

人間らしいロボットを作ろうとしていた研究者が、あいまいで複雑な日常の中で動けなくなったロボットを目の前にして着目したのは、このような人間が持つ能力であった。

このようなロボット研究におけるパラダイム・シフトは、対象が複雑なほど、また対象が置かれている「状況」が複雑なほど、対象への働きかけは「やわらか」にすべきであるという基本的な考え方を導き出す。この考え方は、コンピュータ科学の領域においては「ヒューリスティクス heuristics」として1990年代以降盛んに検討されてきた。「ヒューリスティクス」とは、「必ずしも正しい答えを導けるわけではないが、ある程度のレベルで正解に近い解を得ることができる」とする考え方である。[注5]「ヒューリスティクス」の考え方は、答えの精度は保証されないが解答に至るまでの時間が少なくてすむというメリットがある。

ロボット研究者は、この「100パーセント正しい答えではないけれどある程度のレベルで正解に近い解を得る」という「ヒューリスティクス」の考え方により、複雑であいまいな「状況（環境）」の中でコンピュータ（ロボット）を稼働させようとした。このような考え方に基づいた研究は、具体的には例えば「サッカーロボット」の開発研究で進められてきた。サッカーでは「相手の動きに対し即座に自分の動きを決定する」ことが求められる。そのため、「正しい答えを時間をかけて出す」よりも「そこそこ正しい答えを即座に出す（そして行動する）」ことが求められるのである（松原 1999、田近 2001）。

私は、まったく同じことが自閉症児との関わりにおいても言える、と考えている。私は「鉄腕アトム＆自閉症」プロジェクトにおいて、自閉症児・晋平（仮名）と20年以上にわたり関わってきた（渡部 1998）。このような経験を通して感じるのは、大人から晋平への「教え込み型の教育」ではなく、晋平自身の「しみ込み型の学び」を最優先にしながら晋平と関わってきて本当に良かったということである。確かに、専門的な、そして集中的な訓練・指導に代表されるような「教え込み型の教育」の効果は比較的短時間で現れることが多い。それに対し、晋平が「しみ込み型の学び」を実践できるようになり、その効果が表面に現れてくるまでにはある程度の時間を要する。しかし、自ら学ぶ力を獲得した晋平の成長は、私の予想をはるかに超えるものであった。

晋平の母親や指導者としての私が「教え込み型の教育」をできるだけ避けて、時間のかかる「しみ込み型の学び」重視を決定することは、それほど容易なことではなかった。母親として、あるいは指導者として主導権を握り晋平に対して積極的に働きかけることができたとしたら、それはとても楽だったと思う。しかし、私たちはそのことをあえて避け、晋平自身の学びが生じるように環境や状況をお膳立てすることに全精力を費やした。いわば晋平に対し「やわらかな態度」で接することに徹したのである。その結果、私たちが予想もしていなかった「指書」によるコミュニケーションが突然現れた。それを契機として、晋平とのコミュニケーションは著しくスムーズになり、同時に晋平自らの「学ぶ力」が目に見えて発達したのである（詳しくは「2・6」を参照）。

「eカウンセリング」プロジェクトの背景にあるもの

「鉄腕アトム　＆　自閉症」プロジェクトにやっと研究成果が見え始めた頃、私に「大きなプロジェクトを手伝ってほしい」という連絡が入った。インターネットでカウンセリングを行うことを目的とした「eカウンセリング」プロジェクトである。

そのとき私は、4年間の病院勤務（脳損傷患者に対する言語リハビリテーション）から地方の教員養成大学に附属している障害児治療教育センターに職を移し、日々実践を行っていた。このセンターにおいて、私は日々、多くの障害を持った子どもたちやその母親と出会っていた。その母親の多くは我が子の障害に対し大きな不安を持っており、必死になって治療や訓練を行い障害を治そうとしていた。それはまったく当たり前のことだが、私がとても気になっていたのは、「障害を治そう」ということが「風邪を治そう」ということや「腹痛を治そう」ということとまったく同じ感覚を持って捉えられていたことであった。

そのような母親の気持ちを受けて、専門家は医療や教育を実施することによって「障害を治そう」とする。例えば自閉症の場合、多くの新しい「自閉症を治す薬」が開発され、その都度マスコミ等で大きく取り上げられる。そしてそのたびに、自閉症児を我が子に持つ親御さんたちの心は大きく揺れる。

また「教育」においても、さまざまなカウンセリング技法や訓練技法が開発され、普及のために講演会や講習会、そしてセミナーやワークショップなどが活発に開催される。そのようなイベントが行われるたび親御さんは必死になって参加し、その方法を忠実に試みようとする。しかし、どの方法も実際に改善が目に見えるようになるには長い時間かかるのが普通である。1ヵ月、2ヵ月の単位で見れば、症状にほとんど変化なしの場合が多い。したがって、親御さんの治療や訓練に対する期待が大きければ大きいほど、不安や焦りも大きくなる。そして、子どもの正常な発達にとって必要不可欠である母親の愛情が急速になくなってしまうケースも少なくない（渡部 2004）。

もっと「力を入れずに」子どもたちと向き合うことはできないだろうか？「肩の力を抜くこと」は、そんなにも悪いことなのだろうか？　日々現場で、私はこのようなことばかり考えていた。

そのような中で開始された「eカウンセリング」プロジェクトは、1999年から5年間、大きな研究費を獲得して実施した大規模なプロジェクトである（私自身もプロジェクト開始とほぼ時を同じくして東北大学に職場を変えた）。当時はまだインターネット回線が細くテクノロジー自体も現在ほどは発展していなかったが、動画映像や3DCGなどの最先端のデジタルテクノロジーを活用し、不登校児や障害児の育て方や教育に関する「eカウンセリング」を実施した。

私は、実際にネットを通じて配信される「eカウンセリング」コンテンツの企画と開発を任せていただいたほか、配信方法の開発にも関わらせていただいた。私は、このプロジェクトでは「スピーディに効率よく」というデジタルテクノロジーのメリットを最大に活用する一方、障害を持った子どもやその母親の「弱さ」や「つまずき」を大切にしたいと考えていた。私はこのプロジェクトにより、「弱い」「やわらか」「あいまい」「よいかげん」などが持つ方向性を、最先端のデジタルテクノロジーという強力な武器を最大に活用することにより探求してゆきたいと考えていたのである。

肩の力を抜いたとき発揮される力

「鉄腕アトム ＆ 自閉症」プロジェクトや「eカウンセリング」プロジェクトを実施していた当時、とても興味を持って読んでいた一冊の本がある。ロボット研究者の岡田美智男が書いた『口ごもるコンピュータ（共立出版 1995）』という本である。本のタイトルが示すように、岡田は「口ごもるロボット」を作ろうとしていた。これまでのロボット開発が「流暢にしゃべるロボット」を目標にしてきたことを考えると、非常に特異な発想と言える。「口ごもるロボット」とは、しゃべるときに言い直したり、繰り返したり、言葉につまったりするようなロボットである。岡田は「人間らしいロボット」を開発するために、「口ごもる」という現象に着目していたのである。

その岡田が、大変興味深いことをこの本の中で書いている。例えば、凧にのって空をおよぐ凧のことを想像してみようと言う。凧は、風に対して逆らわず、気流にうまく乗れるからこそ落ちることなく空に浮かんでいることができる。ここで、科学の粋を集めて超高性能の凧を設計しようとしても、それは不可能であろう。複雑な動きをする気流に対して、凧は「弱い態度」をとれるからこそ落ちることなく空に浮かんでいることができるのだ、と岡田は言う（岡田 1995）。

この本を読んでいて、私の頭の中にはひとつの言葉が浮かんでいた。それは、「肩の力を抜く」という言葉である。この言葉は、自閉症の太郎（仮名）が、初めて私のところに来たときに母親が何気なく言った一言である。

ある日、母親につれられて太郎が私のところに来た。私は初めて相談に来た子どもにいつもするように、母親に対して子どもの成育歴などを詳しく聞いた。その際、多少は母親の質問に対して自分なりのアドバイスはしたのだろうが、今となっては詳しく覚えていない。

一通り検査や相談を終え、今日は終わりにしようとしていたときである。太郎の母親が、私に言った。


先生にお会いして、やっと息をつくことができました。これまでの5年間、私は息をつくことができませんでした。だって、どこに相談にいっても必ず、「お母さん、この子の将来はあなたにかかっています。一生懸命がんばってください」と言われ続けてきたから。（太朗ママ）

予想もしていなかった言葉だったので、私は何と返答したらよいのかわからずただ微笑んでいた。

「一生懸命がんばって」は、特別支援教育のトレードマークである。「一生懸命がんばって訓練しましょう。そうすれば、今は辛いかもしれませんが、子どもの障害も改善して後が楽になりますよ。」

そして、太郎の母親にとって、「肩の力を抜いて」は、太郎を生んでから5年間耳にすることのなかった言葉だったのである。

確かに、人間にとって「がんばる」ことはひとつの大きな力を生み出す。

しかし「肩の力を抜く」ことも、人間の力が発揮されるもうひとつの重要な側面ではないか？……現在の「教育」はこのことをすっかり忘れている。

私はそのとき、そう思った。

1・3 「しみ込み型の学び」とは何か

伝統芸能はどのように継承されるか

私の研究対象に伝統芸能や民俗芸能の継承・教育が加わったことは、「超デジタル」な学びという観点から考えれば、ごく自然なことである。

一般に、伝統芸能を継承・教育しようとするとき、師匠が弟子に対して事細かに教えるということはしない。弟子は、師匠の「わざ」を何年もかかって見様見真似で学んでゆく。そこにはきちんとした教科書もなく、師匠は弟子に対し「俺の踊りをしっかり見ろ」「何度も繰り返し真似ろ」と言うだけである。弟子は、師匠に言われたようにお手本を何度も見て何度も真似ることによって、師匠のわざを「盗んで」ゆく。まさに、さまざまな状況の中で「身体を使って学んでゆく」わけである。それはとても時間がかかることで、一見とても非効率的に見える。しかし、このようにして獲得した能力は非常に安定した大きな力になる。

例えば、八戸法霊神楽の神楽祭に10年以上にわたり毎年通っていると、暑い日もあれば寒い日もあるし、時には雨が降っていることもある（神楽祭は八甲田山頂にまだ雪が残っている5月に開催される）。しかし、師匠の舞はいつも同じようにすばらしい。さらに、師匠は高齢であり体調が悪い日もあるだろう。しかし、そんなときでも「うまいなあ」と感じてしまう。師匠は自分の体調や観客に合わせてその日に踊る演目を柔軟に変えたり、舞のスピードを柔軟に変えている。さらに、その日の天気や温度によって、どのように踊るのかを微妙に変化させていると言う。しかし結果的に、その舞は上手である。つまり、師匠はその本質は変えることなく状況に合わせて柔軟に踊ることができる。師匠はこのことを「身体が覚えているから」と表現し、子どもたちにもそのような力を伝えたいと言う。また、子どもたちは、このような師匠の存在にあこがれを持ち、「師匠のようになりたい」と願って稽古に励む。

このような「学び」は、現在の学校教育ではほとんど忘れられている。日本の教育現場ではこれまで、「教師がどのように教えれば子どもたちに多くの知識を体系的に獲得させることができるか」ということを中心にして議論されてきた。確かに、西洋近代教育の輸入が始まる明治時代以前にまでさかのぼれば、日本には伝統芸能に代表されるような「状況の中で身体を動かしながら学ぶという学び」が存在していた。また、江戸時代の「手習塾」や藩校における儒学の学習においても、教育や学びの原理として生きていた。しかし、そのような「学び」は近代教育の中では「あいまいである」「非効率である」として意図的に排除されてきた。そして、「きちんとした知」を効率的に獲得するための「学習」のみが着目されてきた（この点に関しては「1・1」で詳しく示した）。

しかし、私はこれからの「超デジタル」な時代にこそこのような「学び」が重要になると考え、「伝統芸能デジタル化」プロジェクトおよび「ミュージカル俳優養成」プロジェクトに臨んだのである。

これらのプロジェクトでは、本来ならば長い時間をかけ師匠や講師が弟子や研究生に口伝えで継承・教育してきた伝統芸能や民俗芸能に対し、あえてモーションキャプチャという最先端のテクノロジーを活用することによってデジタル化し継承・教育支援することを目的とした。「伝統芸能デジタル化」プロジェクトでは青森県八戸市に３００年以上も前から伝わる神楽の舞をモーションキャプチャを使ってデジタル化した。また、「ミュージカル俳優養成」プロジェクトでは、わらび座役者養成所の教育にモーションキャプチャを持ち込んだ。

伝統芸能継承の「場」

モーションキャプチャに挑んだ神楽の大師匠である松川さんの振る舞いは、私にとって非常に興味深いものであった（渡部 2007）。

私たちは打ち合わせのため、スタジオ脇にある休憩室に集まった。お菓子を食べながらの打ち合わせであったが、モーションキャプチャについてほとんど知識のない松川師匠は明らかにかなり緊張していた。74歳という高齢者にとって、テクノロジーに対する根強い違和感があるのかもしれない。そして、「テクノロジーでは神楽を伝えることはできない」という思いが強かったのかもしれない。

私たちは、松川師匠が何とか踊る気になるようにさまざまな提案をした。例えば、踊りやすいようにという配慮から「ジャージで踊っても結構です」と提案をした。しかし、その提案は「祭りの衣装を着ないと踊れない」ときっぱりと拒否された。おそるおそる「センサーを身体中につけ、背中には約1キロの送信機とバッテリーを背負う」ことを告げると、「それでは、でんぐり返しができない」と険しい表情で言った。しかし、神楽会の会長でもある松本さんが「伝統的な舞を後世に伝えるため」と情熱的に松川師匠を説得してくださった。[注6] その情熱により松川師匠はやっと少しだけやる気を示してくれ、とりあえず準備を始めることになったのである。

スタジオに入ってからも、松川師匠の不安は私に伝わってきた。がらんとしたスタジオの中に、モーションキャプチャの磁界発生装置やコンピュータだけが異様に目立っている。このような空間は、少なくとも本来の舞の場である神社とはまったく雰囲気が異なっていた。松川師匠はモーションキャプチャの磁界発生装置を不安げにながめたり、約1キロある背中に背負う送信機とバッテリーを持ち上げては「大丈夫かなあ」とつぶやいていた。それでも、そわそわと衣装ケースから衣装を取り出し、権現様（獅子頭）や剣《つるぎ》舞《まい》の剣などの準備を開始した。

一方、わらび座のスタッフは、スタジオの壁際に神棚を作り始めた。これまでさまざまな民俗芸能をモーションキャプチャした経験から、民俗芸能にとって神棚が非常に重要であることを十分に認識していたからである。それと同時に、神棚の存在は彼らにとっても重要であった。なぜなら、神棚がどこにあるかによって舞手の位置とその動きが予想できるからである。磁気式モーションキャプチャでは磁界発生装置によってスタジオ内に磁界を作るが、わらび座のスタッフにとっては可能な限り良い磁界の状態でモーションキャプチャしたいというわけである（モーションキャプチャの実際に関しては、本書「2・3」を参照）。

しばらくの間、松川師匠はわらび座のスタッフが神棚を作っていることに気づかなかった。しかし、それに気づいた瞬間、態度が一変した。この神棚には、権現様を中心に休憩室にあった御神酒と塩が添えられてあった。神棚の台はそれまでパソコンを置いていた台であったが、そのようなことはどうでもよいことであった。松川師匠にとって「そこに権現様（＝神様）がいる」ということだけで、その空間はそれまでとはまったく違う意味を持つ空間になったのである。つまり、その空間は神社の空間と同一のものになった。

松川師匠の表情は、明らかに変化した。そして、神棚に近づくと台の上を自ら整え始め、「米もないとだめだな」と米を要求した。わらび座のスタッフは、米を調達するために隣接しているホテルの厨房へ走ることになった。しかし、この神棚をきっかけに松川師匠のやる気に火がついた。同時に、それまでは不安な気持ちがあふれていた顔つきが「師匠」の顔つきに変わった。松川師匠は、松本さんに対してきぱきと指示を出しながら舞の準備を進め始めた。それを傍らで見ていた私は、「神楽にとって神棚の存在がいかに大きいか」を実感すると同時に、神楽にとって「舞の場」そして「伝統継承の場」というものが非常に重要であることを認識したのである。

お囃子と舞のあいまいな関係

もうひとつ打ち合わせで問題になったのは、伴奏をどうするかということであった。この問題は、モーションキャプチャの話が具体化してからも、ずっと決まらずに保留になっていた。何度か松本さんにどうしたらよいのかを尋ねたが、「どんな状況でも大丈夫です」というだけであった。「お囃子のテープがあったら持ってきてください」とお願いしたが、「そんなものはない」と言う。

何も決まらないまま、モーションキャプチャ当日がきた。私は以前、神楽祭で撮影した映像のＤＶＤを持参した。人の話し声など多少の雑音は入っているものの、ないよりはましかと考えたからである。

私は、打ち合わせのとき、このＤＶＤを伴奏として使うことを提案した。すると松川師匠は「むしろないほうがいい」と言う。松本さんは「なければないで踊りづらいが、あればあったで身体の〝のり〟が乱される」と言う。テープやＣＤでは、一定の速度や調子のお囃子に舞手が合わせることになる。それがどうも「踊りづらい」らしい。

「神楽は舞手とお囃子の関係が密接である」と松本さんは言う。舞手の調子を見てお囃子が合わせる。舞手が疲れてきたなあと思ったらお囃子は少しテンポを遅くする。舞手がのってきたなあと感じたらお囃子のテンポも上げる。松本さんは「いつもお囃子に応援してもらって舞っている」と言う。お囃子と舞手の関係がピタリと決まれば気持ち良い。

かつて、経験豊富な師匠たちが笛や太鼓のお囃子をつけてくれたときがあった。そのときピタリと自分の動きと笛や太鼓が一致し、とても気持ちが良かったと松本さんは言う。

まるでお囃子たちと会話しているような感じだった。錯覚かもしれないけれども、そう思った。このような、ピタリの舞はたまにしかない。（松本さん）

逆に自分がお囃子をするとき、「舞手に気持ち良く舞ってもらいたい」という思いでいる。舞手がどんな調子なのか、疲れているのか元気なのか、そしてどんなことを考えて踊っているのか。それにあわせて、太鼓をたたく。若い者がだらだら踊っているときには少しテンポを速めて、こちらがコントロールして踊らせる。

どうやら、テープのような絶対的な時間に踊りを合わせるという考えは、根本的に間違っていたようだ。踊りと太鼓や笛、そして手平がねが共にひとつの舞を作り上げている。ちなみに、松川師匠に関して言えば「いつも自分の踊りにお囃子が合わせる」らしい。それが「名人」の権威（プライド）なのだろう。

分けることができない師弟関係

舞とお囃子のような「分けることのできない関係」のもうひとつの例は、師弟関係である。師匠と弟子の関係も、分けて考えることは難しい。現代の学校教育における教師と生徒の関係は、「教える人」と「学ぶ人」という役割分担がはっきりしており、分けて考えることが容易にできる。しかし、伝統芸能の師弟関係には、師匠が弟子に対し「教える」という明確なシステムはない。例えば、伝統芸能の世界に古くからある内弟子制度は、師匠と弟子が一体の関係にあることを示している。内弟子は師匠の家に住み込み、家の掃除や食事の支度など家事を行いながら師匠の芸を学ぶ。しかし、師匠から稽古をつけてもらえるのは、夜寝る前などわずかな時間だけであると言う。表面的に見れば、わずかな時間しか稽古をつけてもらえない内弟子よりも、懇切丁寧に指導してもらえる通いの弟子のほうが上達すると考えられる。しかし実際に師匠の芸を継承するのは、通いの弟子ではなく内弟子である。「芸を教えてもらう」時間はわずかであっても毎日師匠と生活を共にするほうが、「わざ」は継承されるということである（内弟子制度など伝統芸能の継承に関しては、生田（1987）に詳しい）。

松川師匠は、次のように言う。

> 俺は歳とってもう足はあがんなくなったけど、若い人には「足をもっと高く上げろ、もっと高く上げろ」って言うの。（松川師匠）

伝統芸能の継承において、弟子は師匠の動きを模倣しながら、その「わざ」を盗んでゆく。しかし、師匠が歳をとってくると、その動きは若いときとは当然変わってくる。それを補うために、短い言葉で指示を出す。弟子はその言葉に従って模倣を繰り返す。このとき「もっと高く」がどのくらいの高さを師匠が要求しているのか、この微妙なところが師匠と弟子との関係性に直接関わってくる。この関係ができていれば、「師匠の足は上がっていないけど、本当はもっと高く上げるんだな」と弟子も理解し自分の動きに反映できる。その弟子の動きを見て、師匠は「まだまだ、もっと高く上げろ」とさらに指示を出す。このような相互の関係性が、これまで伝統芸能の「わざ」の継承を支えてきた。

確かに、師匠の一生のうち最も完成形に近い舞が踊れるときにモーションキャプチャを行い、その「動き」をデジタルで残すことも可能である。もし師匠が歳をとったとしても、学習者はそのデジタル教材を見て模倣することができる。しかし、若師匠の松本さんによれば、「伝統芸能において手本は必ずしも完璧なものでなくてもまったく問題ない」と言う。大切なのは単なる「動き」の模倣ではなく、師匠と弟子の関係性によって生まれる芸に対する「価値」や「空気」の継承だと言うのである。

日本文化に生きる「しみ込み型の学び」

東は、「教え込み」を避けようとする傾向は昔から日本的な思想の中にあったのではないかと考え、14世紀に能楽で活躍した世阿弥にまでさかのぼり検討している。世阿弥の書いた『花伝書』には、能楽の跡継ぎを育てる心得として、「幼いときは教えようとするな、自然に真似を始めるのを待て。真似を始めても、うまいだの下手だのと評価するな。ただよく見て、どの方向に伸びようとしているか見定めよ」という意味のことが書いてある。もちろん幼児期は生涯のうちでも最も活発に「学び」が起こる時期であるが、子どもはとりたてて教えなくても環境から学ぶものだし、周りの人々の真似をしたり質問攻めにしたりして知識を取り込む。これを活用しようというのが世阿弥にも現れた社会化方略だったのではないだろうか、と東は述べている（東 1994）。

辻本（1999）は、東が「しみ込み型」と呼んだ教育モデルが日本のほとんどあらゆる伝統的な学びの場において教育や学習の原理として生きていたと考え、それを江戸時代の学びの場である「手習塾」（いわゆる寺子屋）や藩校における儒学学習の課程や方法に見いだしている。特に、貝原益軒の教育論に着目し、このような教育思想が日本の伝統社会の中から生成されてきたことを明らかにしている。

辻本によれば、益軒は素読の効用を強調してやまなかった。心を集中して書の文字を見て、繰り返し口に唱えることでテキストを「自然に覚えて」いく。心や眼や口などといった身体の多くの器官を動員して

「読書」行為がなされる。その意味で素読とは、経書テキストを丸ごと自らのからだの内部に獲得し、「身体化」する過程であると言ってもよい。俗に言う「身体で覚える」ということに相当すると言う。

素読を通じて「身体化されたテキスト」は、それ自体で直ちに実用の役に立つような知識ではない。しかし、やがて実践的な体験を重ねるうちに、それらのさまざまな場面のうちに新たなリアリティをもって実感され、よみがえってくる。いわば具体的な実践の場において実感的にテキストの意味が理解され、かつそれが道徳的な実践主体として、人としての生き方のうちに具体化されて示されるようなものである。経書というテキストの「身体化」によって獲得される「儒学の知」とは、このような性質を持っていたと辻本は理解する。

まったく同様に、幼児は自己を取り巻くあらゆるもの、特に最も身近な保育者を見習い聞き習いして、それを真似ていくものである。真似て「習い馴れ」ていったもの、それが子どもの心の「あるじ」となっていく。そして、「模倣」と「習熟」によって心の「あるじ」となってしまったものは、生まれついた「性」と変わらないものになると言うのである。つまり、明らかに無自覚のうちになされる「模倣」と「習熟」の過程こそ人間形成の最も重要な契機であると、益軒は考えていた。

ここで重要なのは、益軒が「教える」とは具体的にどういうことであるかについて、何事かを積極的に教え込むことではなく実際にはよくないことを「戒める」ということによってなされるのだ、と考えているということである。「教え」というのは、今日考えられているような大人が子どもに一定のカリキュラムにしたがって体系的・積極的に「教え込む」ことではないと言う。子どもの「学び」は外部から「教え」が強要するものではなく、子どもが自らの力、五官を動員して周りの人々や環境を「見習い聞き習い」しながらさまざまな活動を繰り返し、たえず学ぶことによって成立している。ここでは、子どもが自らの活動によって自力で学んでいるということ、そのことがまず何よりの大前提になっている。そのうえで、子どもがあるべき規範を逸脱しはみ出した場合に、それを見逃さず指摘し厳しく戒めること、これが益軒の言う「教える」ということなのである。つまり、むしろ「教えない」あるいは「教え込むということをしない」教育といったほうがよいとしているのである。

師匠の「思い」をCGで再現する

私は、「伝統芸能デジタル化」プロジェクトは予想以上に「うまくいった」と感じていた。「舞の形」は、一挙手一投足まで正確にデジタル化可能であった。どのように身体を動かし、どのように手足を動かしているのか。表面的ではあるが、伝統的な動きを継承するためには非常に重要な側面である。さらにテクノロジーが発展しデータのサンプリングレートが上がれば、より精密な動きのデータが採れるようになるだろう。精密な動きのデータを弟子に示すことができれば、その「学び」にとっても有効であることに間違いはない。

しかし、それでもさまざまな反省点が浮き上がってきた。最も大きな反省点は、ここでは継承の「場」が表現されていないことであった。さらに、稽古の前後に行われる礼拝などの「儀式」の要素もまったく抜け落ちていた。私たちは「神楽を再現しよう」として「神楽の舞」だけを表現していたのであった。神楽の伝承は本来、神社という「場」で行われる。その「場」には独特の空気感があり、季節が違えばその空気感も違ってくるだろう。また、夜神楽の空気感は昼間とはまったく違ったものである。このプロジェクトでは、これらの点がまったく抜け落ちていた。

私がこの課題に対し改めてチャレンジを開始したのは、「伝統芸能デジタル化」プロジェクト終了後3年が経過した2009年であった。私はその3年間、何度も神楽の稽古に参加させていただき、何度も松川師匠や松本さんとお酒を酌み交わし、そして毎年、神楽祭にお誘いいただいた。さらに、八戸法霊神楽とゆかりの深い出羽三山参りにもご一緒させていただいた。これは羽黒山神社、月山頂上にある月山神社、そして湯殿山神社に神楽を奉納するため、2日かけて出羽三山を縦走（山越え）するのである。

そのような彼らの姿を間近で見ていると、「神楽は舞だけで語れるものではない」ということを実感する。神楽は「舞の形」だけで成り立っているわけではなく、地域の風土や人々の暮らし、そして神様を信じる気持ちも深く関わっているのである。春祈祷、神楽祭、三社大祭…地域の中で地域の人々と共に、家内安全、五穀豊穣、商売繁盛を祈願し病気などの災いを除去するために神楽を舞う。

確かに、舞の一つひとつの動作を正確に記録することは、モーションキャプチャの得意とするところである。しかし、ただ記録・保存するだけでなく「神楽」そのものの継承を支援しようと考えたとき、単に舞の動作に着目するだけでは不十分である。舞の動作だけの継承では、師匠や神楽士の「思い」や気持ちが後世に伝わらない。実際、長い年月を通して師匠から弟子へと伝えられてきたのは、伝統芸能に関わる人々の「思い」や気持ちだと師匠は語っている。「師匠の思いデジタル化」プロジェクトでは、師匠の舞う神楽殿、その神楽殿がある神社の境内、そして神楽が盛んだった江戸時代末期の八戸の町をCGで再現した。そうすることによってはじめて舞のCGはリアリティを持つ、と考えたからである。

師匠から弟子に伝わるもの

おがみ神社のCGを制作するとき、私たちはとりあえず制作したものを師匠にお見せし、その都度修正を繰り返すことによって徐々にクオリティを高めてゆこうと決めていた。まず私たちがこだわったのは「正確に再現すること」であった。おがみ神社の平面図を手に入れ、それをもとに佐藤（当時、東北大学大学院生）がCGを制作した。また、何度かおがみ神社に足を運び「かもい」に掘られている彫刻などとても細かな部分までも含め、数百枚の写真を撮った。それでも、佐藤が相当な時間をかけて制作したCGをとりあえず見ていただこうと八戸を訪れたとき、私たちは「もっときちんと再現してください」と要求されることを覚悟していた。

ところが、師匠の態度は私たちの予想とは大きく異なるものであった。彼らから出された要求を一言で言えば、「神楽士としての気持ち」や「思い」に関係していた。

例えば、「神楽殿にしめ縄がない。しめ縄がなければそれは神楽殿ではない」「権現様はいつも幕をたらしてて。これだと置物おいている感じ。……中略……権現様あっての舞ですので権現様がこれだと。ちゃんと幕が引かれてあったほうが、見ていてありがたいなと思う」というように、神楽の本質に関わる要求が出された。

ビデオでは「しめ縄を忘れる」ということはない。ビデオでは、もし撮影者がまったく意識していなくとも、そこにあるものをそのまま物理的に写し取ることができる。しかし同時に、伝承される側の人は、周りの風景に溶け込んでいる「しめ縄」に着目することは困難であり、師匠が「しめ縄が大切」と言葉に出さない限り、その思いは伝えられない。しかし多くの場合、師匠があえてそのような発言をすることはなく、弟子は師匠の行動を注意深く観察することにより「しめ縄が大切」ということに自ら気づかなければならないのである。

そのような状況において、CGでは「しめ縄」を強調して制作することができる（師匠の希望があれば「間違い探し」のようにクイズ形式で子どもたちに「しめ縄」に気づかせることも可能である）。このことこそが「師匠の思い」をサポートできるというCGのメリットである。制作者は師匠の思いを把握することにより、その「思い」を込めた再現が可能である。つまり、ビデオ映像が物理的事実を伝えるものだとしたならば、CGは人間の「感性」を伝えることが可能なのである。しめ縄のないCGの神楽殿は「単なるCG」であっても、そこにしめ縄を描くことによって、それは「本物の神楽殿」になる。このことは、単なるCGであっても、それを見る人、あるいは使う人との関係性が深まれば、それはリアリティを持つということを意味する。

同時にこのような検討は、「師匠から弟子に伝わるもの」とは何かを考えるとき有効性を持つ。「何度も見て何度も真似して覚えろ」「わざは師匠から盗め」と言われるとき、弟子が師匠から受け取る情報は単なる「舞の形」の視覚的情報ではない。師匠の息づかい、師匠の熱気、師匠が存在する場としての神社、その空気の流れ、におい…そして師匠の気持ちや「思い」である。師匠の「踊りを伝えたい」「踊りを覚えてほしい」という「思い」が、「身体の動き」だけでなく衣装や神楽殿の雰囲気、さらに言えば神社の様式や町並みを通して弟子に伝わる。また弟子のほうも、季節によってあるいは年齢によって微妙に変化する師匠の舞を、眼や耳だけではなく全身を使って受容するのである。

複雑な対象を複雑なままに扱う

私はさまざまなプロジェクトを実施する中で、最先端のデジタルテクノロジーにより「複雑な対象を複雑なままに扱う」ことを意図してきた。そこには、少なくとも3つの視点があった。

第1に現在、ほぼ無限の情報量をデジタルテクノロジーにより扱うことが可能になった。コンピュータの処理スピードは年々速さを増し、さらにデータを保存する装置も「無限の情報を保存可能」と言っても言い過ぎではないまでになっている。その結果、対象を測定したり表現したりする場合、アナログな測定やアナログな再現に限りなく近くなっている。

例えば、私たちは「eカウンセリング」プロジェクト、「伝統芸能デジタル化」プロジェクト、そして「ミュージカル俳優養成」プロジェクトにおいて、最先端のデジタルテクノロジーであるモーションキャプチャを活用した。最初にモーションキャプチャを使用した1999年当時の装置と比較し、現在の装置は格段に高性能になり価格も大幅に下がっており、気軽に活用できるようになっている。また、モーションキャプチャで得られたデータを学習者にフィードバックしてもらうためにCG化するが、このCGの表面も昔と比較してとてもスムーズに表現することが可能になった。現在、CG作品の多くが、アナログ作品との区別がつかないほど精密になっている。

第2に、デジタルテクノロジーの発展は「複雑な対象を複雑なまま扱う」ことを可能にした。デジタルのこれまでの役割は「対象を分解し、そのそれぞれの部分を分析し、詳細に明らかにすること」であった。しかし、コンピュータの処理スピードが著しく進み、さらに無限のデータ保存が可能になった今、これまでとはまったく逆の発想で「複雑な対象を複雑なまま扱う」ことが可能になった。つまり、この方法によって私たちは、「複雑な対象を複雑なまま丸ごとシミュレーションすること」が可能になったのである。

例えば「ミュージカル俳優養成」プロジェクトでは、役者養成所の研究生の踊りをモーションキャプチャを活用してデジタル化し、そのデータを研究生にフィードバックした。このとき、腰の高さや手の動きだけを取り出してグラフで提示し、気づきや理解を引き出すことがあった。しかし同時に、データのすべてをシンプルな人形に貼り付け講師の踊りと同じ画面上で比較したり、個々の研究生の熟達過程を同じ画面上に並べて比較したりするといった試みも行った。

また「伝統芸能デジタル化」プロジェクトでは師匠の舞をデジタル化したが、私たちが意図したのは「師匠の舞を丸ごと再現する」ことであり、それらを「分析しよう」とはまったく考えなかった。

第3に、デジタルテクノロジーのさらなる発展は「対象と状況の関係性を扱う」ことも可能にした。コンピュータの処理能力が著しく上がった現在、対象のみならずその対象が置かれている文脈や状況までもコンピュータでシミュレーションしたり、取り扱うことが可能になっている。

例えば「師匠の思いデジタル化」プロジェクトでは、神楽が継承される神社、そしてその神社が建っている八戸の町全体をデジタルで再現することにより、神楽の継承を支援しようと試みた。このことによって私は、神楽の舞だけでなく「神楽」を丸ごと表現し伝えることが可能になると考えている。

以上のように現在、コンピュータに代表されるデジタルテクノロジーは、これまでの「デジタル」な役割に加えもうひとつの新たな、そして重要な役割を担う準備ができている。つまり、人間が対象を丸ごと理解することを助けるという役割である。対象を分解するのではなく「複雑な対象を複雑なまま扱う」、そして「対象と状況の関係性を扱う」ということは人間の感性を刺激し、「理屈ではなく直感的にわかる」あるいは「リアリティを持ってわかる」ことの支援が可能になる。

このようなデジタルテクノロジーの活用こそ、「超デジタル」な時代に求められる「学び」の支援につながってゆくのである。

1・4 「しみ込み型の学び」をテクノロジーで支援する

シャノン＆ウィーバーの情報モデル

「東北大学インターネットスクール」プロジェクトや「eカウンセリング」プロジェクトなど、インターネットを活用したプロジェクトでは、情報を「きちんと伝える」ことが求められる。また、「教育」の現場で「正しい知識をきちんと伝える」ことを否定する人は誰もいない。このことが、これまで「教え込み型の教育」が広く普及してきた理由でもある。

情報を「きちんと伝える」ことを考えるとき、情報科学や情報工学の分野でしばしば用いられるモデルに「シャノン＆ウィーバーの情報モデル」がある（図2）。このモデルでは、情報は送信者からチャネル（通信経路）を介して受信者へ伝達されるという考えを基本とする。送信者からのメッセージは送信機で符号化（encode）され、電気機械的信号としてチャネル経由で送られ、受信機で復号化（decode）され、受信者に届けられると考える。なお、チャネルにおける伝送の過程で雑音が入ることもあり、その雑音を

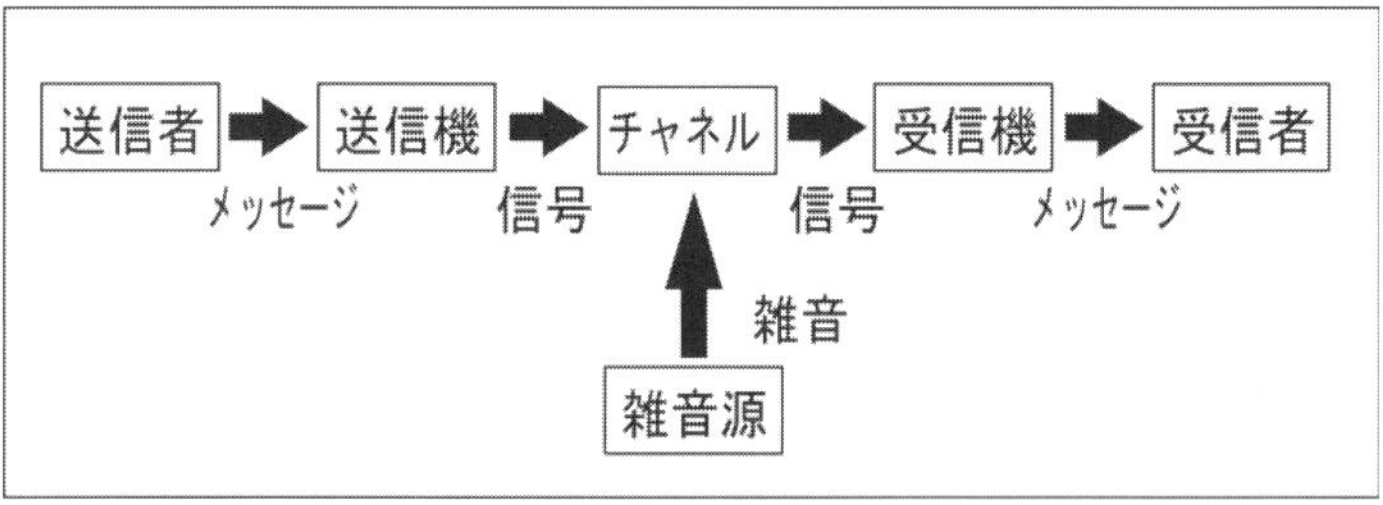

図２　シャノン＆ウィーバーの情報モデル（西垣 2004）

最小にするためにさまざまな工夫が必要であるとされる（西垣 2004）。

　このような「情報が送信者から受信者へ伝達される」という考え方を基準として、従来の「コミュニケーション」は理解されてきた。つまり、例えば「人間Ａ」と「人間Ｂ」が「コミュニケーション」している場合には、両者の情報のやりとりを考え「Ａ→Ｂ」という枠組みで捉えられ理解される。そして例えば、「Ａ→Ｂ→Ａ→Ｂ」あるいは「Ｂ→Ａ」をひとつの単位と考え、その「関係の意味（例えば「要求」とか「応答」など）」をカテゴライズすれば数量化でき、「コミュニケーション」の様相を客観的に分析することも可能になる。

　しかし前章でも検討したように、伝統芸能の師弟関係には、あまり「きちんと伝える」という発想はなかった。もちろん師匠には伝統芸能を弟子に伝えたいという気持ちがあり、弟子も師匠から多くを学びたいという意欲がある。しかし、その師弟関係は非常にあいまいなもので、現代教育のような「教える・学ぶ」の明確な関係はない。それにもかかわらずその伝統は３００年以上にもわたって確実に継承され続けている、という事実は非常に興味深い。

　ここでは、再び「鉄腕アトム ＆ 自閉症」プロジェクトや「自らの学び創発」プロジェクトにおける経験をもとにして、「教え込み型の教育」とは大きく異なる「しみ込み型の学び」について、さらに深く検討してゆく。

人から人へ「きちんと伝える」

人と人とのコミュニケーションでもそうだし、自閉症児に対する教育でもそうなのだが、さまざまな情報を「きちんと伝える」ということはとても重要なことであるとされる。特に、デジタル時代では「きちんと伝える」ことを強く求められてきた。さまざまな情報や自分の気持ちを「きちんと伝える」ことによってはじめて、コミュニケーションが成立する。だからこそ、コミュニケーションが苦手な自閉症児に対する「言語指導」が非常に大切であるとされる。そして、まさに「教え込み型の教育」が求められてきた。

私自身、自閉症児・晋平と関わり始めた当初、「どのような指導を行えば晋平は話すことができるようになるのだろうか?」という問題を抱えていた。この問題をもっと端的に表現すれば、「どのような〝テクニック〟を用いて指導すればよいか?」ということである。これまで多くの研究者が、多くの指導（訓練）テクニックを開発してきた。そしてその結果として、私は目の前に存在する多くの指導テクニックの中からひとつの選択をせまられ苦慮していたのである。

つまり、自閉症児に対する言語指導を行うに際してまず最初に私に生じた疑問は、このような伝統的なものであった。

どのような「テクニック」を用いて指導すればよいか?

そのような時期に生じたある出来事は、このような問題とはまったく異なった性質を持つ新たな疑問を私に生じさせた（渡部 1995）。その出来事はごく日常的なものであったし、また私に生じた疑問も素朴なものである。しかしながら、その疑問に対して私なりの解答を出そうといろいろ考えているうちに、そのような検討自体が「学び」について考えるうえで非常に重要な要素を含んでいるということに気がついた。

さて、私に生じた疑問とは、次のようなものである。

ある日、晋平の母親が私に言った。

晋平にとっては、特に話さなくとも別に何の不自由もないはずです。でも、せめて何か人に親切にしてもらったときに「ありがとう」と言えるくらいにはなってほしいと思います。（晋平ママ）

晋平の母親は、人とのコミュニケーションをスムーズにするために、感謝の気持ちを言葉で伝えることができるようになってほしいと言う。この一見あたりまえのことが、どういうわけかそのときの私にはとても気になった。

でも、コミュニケーションが成立しているから「ありがとう」と言えるんじゃないのかな。

そのとき、私は素朴にそう思った。

はたして、コミュニケーションをスムーズにするために「ありがとう」と言うのか？　それとも、コミュニケーションが成立しているから「ありがとう」と言えるのか?

子ども集団の中にある「学び」

実は、私が「コミュニケーションが成立しているから〝ありがとう〟と言えるんじゃないのかな」と思った背景には、たまたま時を同じくして経験したもうひとつの出来事がある。それは、自閉症と診断された5歳児の太郎(仮名)が保育園で見せた姿であった(渡部 2001)。

私が保育園を訪れた日、彼は運動会の出し物である「太鼓踊り」を皆と一緒に練習していた。保育士によれば、その日が練習初日とのこと。

なんて上手に踊っているんだろう!

私は、太郎が皆と一緒に踊っている様子を見て、そう思った。

私の目の前にいる太朗は、大学で出会う彼とは別人のようであった。大学では、卒業研究のテーマに太朗に対する個人指導を選んだ大変優秀な学生がさまざまな工夫を凝らし指導していた。しかし、どのような指導に対しても太朗はやる気を示すことはなかった。学生が数時間かけて準備した教材に対しても、ちょっと視線を向けるだけでそれ以上の興味を示すことはなかった。

ところが今、目の前にいる太朗は、子どもたち集団の中で目を疑うほど上手に「太鼓踊り」を踊っている。大学では太朗のためだけに計画された非常に整った指導の「状況」があったのに対し、目の前には子どもたちの歓声やざわめきなど混沌とした「状況」が広がっている。「シャノン＆ウィーバーの情報モデル」の観点から言えば、「雑音」で囲まれた最悪な状況である。その中で保育士は、子どもたちみんなに向かって太鼓踊りの指導をしていた。それにもかかわらず、太朗は上手に踊っているのである。

もし、保育士さんと1対1で踊りの指導を受けたら、太郎はもっと上手に踊れるようになるのだろうか？

もし、他の子どもがいなくて保育士と太郎との1対1の練習だったら、太郎は保育士からもっと手厚い指導、きめ細かな指導が受けられるはずである。保育士は太郎の反応を見て、太郎だけを対象にして指導することができる。大勢の中で練習をするより1対1で指導を受けたほうが、間違いなく太郎にとって踊りは上達するはずである。

しかし私は、大勢の子どもたちのざわめきの中で、ある種の確信を持ってそれを否定した。

保育士さんと1対1だったら、こんなに上手には踊れないに違いない。このざわめきこそが、太郎を上手に踊らせているのだ。大人ではなく子ども同士、一人ではなく大勢、これこそが太郎を上手に踊らせているのだ。

私は、そう思わずにはいられなかった。このことは、情報の伝達というものが必ずしもある人の「きちんと伝える」という意図によるものではないことを示している。そして、混沌とした「状況」の中でも確実に情報が伝わるということも確かにある。このような状況は、伝統芸能や民俗芸能の世界における継承にも通じるものがあるのかもしれない。そして、このような状況にこそ、「しみ込み型の学び」というものが生まれるのではないだろうか。

「ありがとう」とコミュニケーションの基本的な関係

ここでもう一度「ありがとう」とコミュニケーションの関係に戻り、これらを図示してみる（図3）。感謝の気持ちを「ありがとう」という言葉で伝えることによってコミュニケーションが成立すると考えれば、「ありがとう」は原因であり、その結果として「コミュニケーションが成立する」（A）。ところが、コミュニケーションが成立しているから「ありがとう」が言えると考えれば、「コミュニケーションが成立する」が原因で、「ありがとう」と言えることが結果になる（B）。興味深いことに、その因果関係がまったく逆転してしまう。

さらに、この図に「言語指導」という観点を加えると、前者（A）は、「言語指導を行うことによって〝ありがとう〟と言えるようにし、コミュニケーションをスムーズにする」と言い換えることができる（A′）。この場合、言語指導が原因となり、その結果「ありがとう」と言えるようになる。そして、「ありがとう」と言えることが原因となり、その結果としてコミュニケーションがスムーズになる。

一方、後者（B）は、何らかの原因によりコミュニケーションが発達し、その結果として自然に「ありがとう」と言えるようになる（B′）。

このように整理して考えると、もし「きちんと伝える」ことを求めようとすれば、前者の「教え込み型の教育」を選択することになる。つまり、きちんと言語指導を行い確実に「ありがとう」と言えるようにし、その結果としてコミュニケーションの改善を図るという選択をすることになるだろう。

一方後者では、何がコミュニケーションを発達させるのかあいまいである。さまざまな複雑な要因が絡み合い、その相乗効果によってコミュニケーションが発達する。晋平は、そのような「状況」の中に存在することにより、母親や周囲の親しい人々から「しみ込むように」言葉を学んでゆく。コミュニケーション関係が深まれば、晋平自身が自然に「話したい」と思うようになるだろうし、そうならなければ「自らの学び」は期待できない。

本書の「1・1」で紹介した松下の考え方に従えば、前者の「言語指導 ＝ 教え込み型の教育」を行うとき晋平に生じるのは「学習」である。「ありがとう」と言葉で伝えることができるようになるという明確な目標を持ち、その目標に向かって学習を進めてゆく。一方後者では、晋平自らの「学び」が生まれるのを待つことになる。あえて目標を設定するとしたならば「コミュニケーションを育てる」ということになるが、これは「いつまでに何ができるようになる」というような明確な目標とは異なっている。

私がこれまで実施してきたプロジェクトでは一貫して後者の「学び」に着目してきたが、次にデジタルテクノロジーによる支援という視点から、学習と「学び」の違いについて検討してみよう。

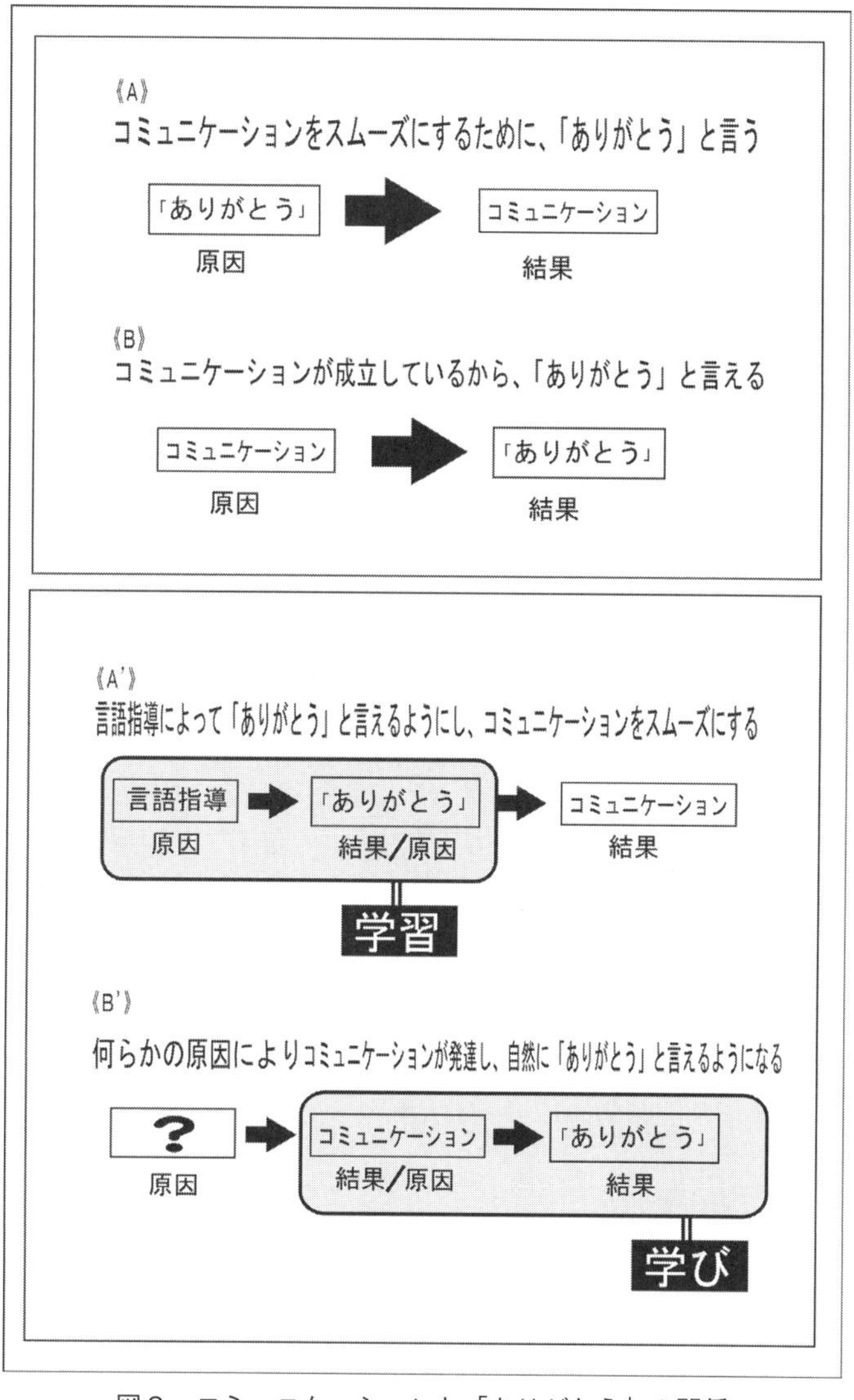
《A》
コミュニケーションをスムーズにするために、「ありがとう」と言う
「ありがとう」
コミュニケーション
原因
結果
《B》
コミュニケーションが成立しているから、「ありがとう」と言える
コミュニケーション
「ありがとう」
原因
結果
《A'》
言語指導によって「ありがとう」と言えるようにし、コミュニケーションをスムーズにする
言語指導
「ありがとう」
コミュニケーション
原因
結果/原因
結果
学習
《B'》
何らかの原因によりコミュニケーションが発達し、自然に「ありがとう」と言えるようになる
?
コミュニケーション
「ありがとう」
原因
結果/原因
結果
学び

図3　コミュニケーションと「ありがとう」の関係

デジタルテクノロジーによる学習支援

これまでのデジタル時代は、テクノロジーは「きちんとした知」の学習支援、つまり「教え込み型の教育」を支援するために活用されることがほとんどであった。その理由として、そもそも現代教育自体が学習者に対し効率的に、そして確実に学習することを求めてきたという背景がある。それを支援するためのテクノロジーは、大変「便利な道具」としてこれまで数多くの成果をあげてきた。

歴史的に見れば、20世紀前期に一世を風靡した行動主義心理学の「学習理論」は、「プログラム学習」と呼ばれる学習方法に応用され、教育の現場に広がっていった。「プログラム学習」では、ひとつのテーマを教えようとしたときそれを丸ごと教えるのではなく、いくつかの細かな項目に分解する。そして、それぞれの項目を一組の「問いと答えの対」にし、簡単なものから複雑なものへと構成し直す。それを生徒に一問ずつ提示して解答させ、その都度その正誤をフィードバックするという学習方式である。

このような「プログラム学習」は、1960年代に工学研究と結びつき、「ティーチングマシン」と呼ばれる刺激提示装置の発明をもたらした。当初この「ティーチングマシン」は、単純な電気回路を組み合わせただけのものであったが、個別学習に効果があることがわかると瞬く間に普及していった。それに伴いさまざまな教科・分野において、そのプログラムの開発も盛んに行われた。

そして1980年代、パーソナル・コンピュータが爆発的に普及すると、それまでは単純な電気回路を組み合わせただけの「ティーチングマシン」がコンピュータに置き換えられていく。そして、「教育工学

Educational Technology」と呼ばれる新しい学問分野が誕生するのである。教育工学では特に、教育をコンピュータの支援によって行うという試み、つまり「コンピュータ支援教育 CAI：Computer-Aided Instruction」が中心的なテーマとして研究が盛んに行われた。

典型的には、研究者や教師がさまざまな工夫によって開発した「デジタル教材・マルチメディア教材」により、短時間に学習効果が上がったという研究成果がこれまで数多く報告されてきた。例えば、算数の授業に独自に開発した「デジタル教材・マルチメディア教材」を導入したところ、「それまでクラス平均60点だったかけ算のテストがクラス平均70点にアップしました。これまで3時間かかっていた単元が、2時間に短縮できました。」このような「効果的なデジタル教材の開発」に関する研究が、学会や論文集で盛んに報告されてきた。

このような実践や研究では基本的に、「問いと答えの対」を簡単なものから複雑なものへ学習者に一問ずつ提示して解答させ、その都度その正誤をフィードバックするという学習方法がとられている。このような方法は、教師の意図や目的に即して学習をコントロールすることが可能であり、教師にとっては大変都合がよい。そしてこのような流れの中で、2000年を過ぎたあたりからeラーニングが爆発的に流行し始めたのである。

「学び」に対するテクノロジーの役割

私はさまざまなプロジェクトの中で、「よいかげんな知」を「しみ込み型の学び」で獲得するという「学び」のスタイルに対する探求と同時に、そのような「学び」に対するデジタルテクノロジーによる支援の可能性を探ってきた。

例えば「ミュージカル俳優養成」プロジェクトでは、モーションキャプチャを活用し本来ならば長い時間をかけなければならない民俗芸能の熟達を支援した。この場合にはもちろん、モーションキャプチャから得られたデータをグラフ化したりCG化して教材を製作し、研究生にフィードバックすることにより「効率よく学習を進める」という従来通りの支援も含まれている。しかし、私がこのプロジェクトで特に大切にしたいと考えていたのは、モーションキャプチャを導入することにより研究生に生じる新たな「学び」である。実際、モーションキャプチャという最先端のテクノロジーを導入することにより、研究生における「自分の身体を動かすこと」に対するリアリティが変化する。それまでは、授業後にビデオを見てフィードバックするという習慣はほとんどなく、研究生が授業の中で学んだ踊りをフィードバックする機会は限られていた。研究生が自分の踊りをフィードバックできるのは、授業中に講師から得られる指摘と、授業後の雑談の中で得ることができる友達からの意見だけであった。

しかし、モーションキャプチャを導入することにより「自分の身体を動かすこと」に対するフィードバックを強く意識するようになる。さらに、そのモーションキャプチャはビデオなどと比較し非常に高価な機械であるということ、またそのモーションキャプチャの導入が大学教授が率いる研究グループによってなされたという背景も、研究生の意識に大きく作用すると思われる。

これらによって研究生は、それまで授業において講師の踊りを必死になって繰り返し模倣しようとしていた自分に加え、講師の踊りを繰り返し模倣しながら同時に強く自分自身の動きをフィードバックしている自分に変化するだろう。つまり、その研究生にとって毎日の授業（稽古）が持つ「意味」自体が大きく変化し、これまでとは異なった新たな「学び」が生まれるのである。

ここでモーションキャプチャは、研究生が民俗芸能の踊りを稽古しているという環境の中で機能し、松下の言う「〈人‐道具‐環境〉システムの変容」としての「学び」をもたらしている。またその「学び」こそが、私がこれまで提案してきた「しみ込み型の学び」に他ならない。

このようなデジタルテクノロジーの役割に着目することこそ、「超デジタル」な学びを考えるうえでのポイントになると私は考えているのである。

複雑な対象に対する能動的な態度

もうひとつ、デジタルテクノロジーを道具として新たな「学び」を生み出したプロジェクトとして「超デジタルな学びの創発」プロジェクトがある（詳しくは、「2・7」を参照）。このプロジェクトでは、学び手自らが苦労しながら対象の3DCGを制作するという「実践」を行うことが対象をより深く理解するためにとても役立つ、ということを明らかにしたプロジェクトである（渡部 2001・2002）。これまでのデジタル教材やマルチメディア教材は、効率や効果を求めた「教え込み型の教育」の中で盛んに活用されてきた。しかし、デジタルテクノロジーのもうひとつの使い方として、使う人自らが苦労しながらCGを制作することにより、「自らの気づきや学び」を生じさせるという使い方がある。ここでは、これまでは効率を求めて活用されてきたテクノロジーを、あえて「苦労しながら」活用することを特徴としている。

一般に対象を観察しようとするとき、私たちはビデオカメラでその様子を撮影し、その後じっくりとビデオを再生しながら観察し記録する。しかしこの場合、どれほど能動的に観察しようとしても限界があった。この限界は第1に、視野の狭さや一方向からの視点に限定されるというビデオカメラが持つ限界に起因する。そして第2に、「行動を観察し記録する（書く）」という行為の限界である。ビデオ再生による観察では、「見ようとしているところ」以外の動作に目を向けることは非常に困難である。例えば、対象児の視線の動きを見ようとしているとき、観察者が対象児の手足の動きに着目することは非常に難しい。特に、観察者が対象者の行為に見いだしている「意味」とは無関係と思われる身体部位の動作に目を向けることはほとんどない。だがはたして、これらの動作に「意味がない」と断言することができるのだろうか？

3DCGを制作するためには、そのような一見「意味のない動作」にも着目して制作しなければならない。実際に3DCGを制作した共同研究者の小山（当時、東北大学大学院生）は、「ビデオ映像による観察ではまったく気づくことのできなかった動作が気になってしようがないということが3DCG映像を作り込んでゆく作業の中ではしばしばあった」と言う。そして、そのような一見無駄と思われるような動作の作り込みを重ねてゆくうち、しだいに対象児の気持ちに近づけたような感触を得たと言うのである。

ビデオ映像をもとに3DCGを制作するという作業では、否応なしに対象に対し能動的に観察するという状況を制作者に対して用意することになる。そして、ビデオ映像からひとコマひとコマ、ディスプレー内のキャラクタを動かしたり手足の動きを指定するという作業は、観察者＝制作者に「身体を使って対象を感じる」という作用をもたらす。

また、これらの作業はビデオ映像の観察と比較し何倍もの時間を要する。逆に言えば、何倍もの時間、対象と向き合い対象のことをさまざま考えなければならない。実際に3DCGを制作した小山は「CGを制作するとき、（制作者が）その場にいたかどうかが大きく影響する」と言っている。制作者は、3DCGを制作しながらビデオを撮影したときの状況を思い出したり、対象の気持ちを長時間にわたり推し量ったりする。そして、対象だけでなくそこで観察していた自分自身に対しても、そこで何を感じ、何に注意を向け、どのように行動したかということを思い返し考える。

さらに、3DCG制作ではビデオ映像では隠れて見えない身体部位の動きを予測することによって作業を進めなければならない。この作業は、あくまでも予想による身体部位の動きであるため事実と異なるかもしれないが、結果的に「観察者＝制作者」が対象や状況を推察し理解することを促進することになる。

このようなテクノロジーの使い方は、「短時間で効率的に作業を進める」というデジタル時代の発想とは逆行しているかもしれない。当然「コンピュータによる自動化はできないのか」といった疑問も出るだろう。しかし、私はあえて非効率的な作業を「デジタルの世界」に持ち込んでみたかった。そのことにより、「観察する」という行為における「身体性」を強調してみたかったのである。

実際、自ら3DCGを制作したことで「何となくY君と心が通じ合えたような微妙な感覚が私の中に芽生えるのです。この感覚の蓄積は、その後のY君との関係にも影響を及ぼしました」（小山）という観察者＝制作者における対象理解の変化が得られた。
まさにここで、小山にとっての新たな「学び」が創発したのである。

1・5 複雑な対象を捉える「よいかげんな知」

「間違うこと」は悪いことか

伝統芸能や民俗芸能というのは、意外とあいまいなものかもしれない。お囃子はいつともなく始まり、舞はそのお囃子を聞きながら適当なところで始まる。お囃子に合わせて舞を踊っているわけでもなく、舞に合わせてお囃子を演奏しているわけでもない。舞手とお囃子が何となくお互いに「イキ」を合わせながら始まり終わる。お囃子が多少ずれたところで、あるいは舞がお囃子から多少ずれたところで、それはまったく問題がない。また、実際に祭りで踊るときには、多少間違ってもまったく気にしないと言う。

モーションキャプチャでは、「間違ってはダメだ」という気持ちになって踊りづらかった。舞台では多少間違っても気にならない・・・それがかえってライブ感につながる。(松本さん)

実際、神楽祭のときには松川師匠ですら扇子を落とすことがあったが、まったく気にしていない様子である。逆に、これがライブ感であり迫力になる。神楽に初めてであったとき、私はこのような「あいまいさ」や「いい加減さ」に少し違和感を持った。しかし、何年か神楽に接しているうち、私はこのような「あいまいさ」や「いい加減さ」を「快い」と感じるようになってきた。そして、神楽の世界、伝統芸能や民俗芸能の世界、そして日本文化の世界には「良い加減」と表現されるような側面が存在していて、それが文化の本質であり、継承が続くための絶対条件であることに気づいた。

神楽には特定の教本もなく、また師匠が秘伝のノートを持っているわけでもない。頼りは師匠の記憶、特に身体が覚えている記憶である。弟子は長い時間をかけその模倣を繰り返し行い、少しずつ身体にしみ込ませてゆく。ビデオに録画し自宅でも練習すればよいのにとも思うが、そのようなことをしなくとも神社に来て繰り返し稽古をすれば自然にうまくなるのだと師匠は言う。師匠は一挙手一投足、正しく伝えたいとは思っていない。舞の形はその時代によって変化するし、その人の個性によっても変化する。

> 師匠から教えられた内容を常に忠実に踊っているわけではなく、自分で踊りを変化させたりしている。……中略……師匠の中には、あれはかっこいいなと言って付け足した人もいれば、あれ面倒くさいなと言って抜いた人もいる。（松本さん）

彼らには「伝統は変化する」という前提がある。もちろん、舞手個人も変化する。若いときには速くダイナミック。そして、歳をとるにしたがいゆっくり意味を伴って奥深くなる。また、観客の要望や反応によってもどんどん舞は変化してゆくと言う。

歳をとってくると踊れなくなってくるが、味が出てくる。年相応の踊りがある。（松本さん）

神楽は、練習をすればするほど余裕が出てくる。余裕が出ると身体が余ってくる。その余裕を埋めるのが「あや」である。（松本さん）

時代が「派手」を好むようになれば、それとともに舞は派手になっていくかもしれない。また、他の神楽の組（グループ）との違いを見つけて、独自性を大切にしてゆくこともあると言う。いずれにせよ、最も大切なこととして松本さんは次のように繰り返し言っている。

権現様（神様）を楽しませることができれば、多少振りなど間違っても問題はない。（松本さん）

伝統とは変化するものである。そして、人々の記憶の中で生き続けるものでもある。デジタルによる保存がそのような「伝統」の持つ特質を無視し、一時の状態を固定したものとして伝えることになったならば、それは本質から大きくはずれることになるだろう。

状況に合わせて「手を抜く」

ところで、モーションキャプチャにはさまざまな制限があり、収録時間というのもそのひとつである。神楽に対し始めてモーションキャプチャした2005年当時、バッテリーは20分しかもたなかった（現在では技術が進歩し収録時間は長くなっている）。さらに、収録したデータは膨大な量になりそれを処理するために膨大な時間を要するため、エンジニアとしては可能な限り収録する時間を短くしたい。このことが松川師匠と松本さんに説明された。その説明を聞いて彼らは、「特に問題ない」と言った。そして、次のように付け加えた。

「わかりました。それでは、面白そうなところだけを適当につなげて踊りましょう。」

「それで大丈夫ですか？　形が崩れたりしませんか？」という私の質問に対して、「いやあ、問題ないです。よくあることです」と松本さんは答えた。そのやりとりを聞いていた松川師匠も、次のように付け加えた。

「結婚式で踊るときなんかはひどいよ。正式に踊れば25分かかる舞を5分で踊れって言うんだから。」

私が実際に神楽祭で見たときには逆であった。25分の舞が30分も40分もかけて踊られる。そして、予定されていた演目が時間切れで削除されるということがよくあった。私は長年神楽と接しているうちに、彼らは「状況」に合わせて舞を省略したり繰り返すというように、その長さをコントロールしていることに気づいた。

神楽の舞は、さまざまな「部分」をつなげてひとつの舞にすると言う。気分がのれば同じ部分を何回も繰り返して舞を盛り上げる。ただし、このときの繰り返す回数は、3、5、7のような奇数繰り返しという決まりがある。時間のないときには、いつもは3回舞うところを1回で済ますこともあると言う。これは「手を抜く」と表現するが、もちろん「さぼる」「気を抜く」ということではなく、舞の「手数」を抜くということである。このようにして、全体の時間を調整すると言う。

さらに、松川師匠によれば「ゆるむ（＝疲れる）ので、手を抜く」と言う。この場合の「手を抜く」ということも、「気を抜く」というのではない。歳をとると、「転がる」という動作や「刀をくわえる」という動作ができなくなる。また、大祭などで続けていくつも踊るような場合には疲れる（ゆるむ）ので、いくつかの動作を行わない（あるいは簡略化する）ことがある。そのように動作を省くことを「手を抜く」と言う。もちろん継承の場面においては、「俺はこうするが、おまえらはこうはするな」と指摘する。例えば、師匠は膝が悪く床につけられないときも多々あるが、そのような場面を弟子に教えるときは、「おまえらは、ちゃんと膝を床につけるんだぞ」と指摘すると言う。

「よいかげんな知」とは何か

私は伝統芸能や民俗芸能の世界に接することにより、「きちんとした知」と「よいかげんな知」の関係について、とりあえず以下のように考えるようになった（渡部 2010a）。

「よいかげんな知」＝「きちんとした知」＋α

ここで重要なことは、「よいかげんな知」はいわゆる「いいかげん」なものではなく「きちんとした知」を基本として成り立っているという点である。

「よいかげんな知」は、このような「きちんとした知」に加わる「＋α」が非常に重要である。例えば、神楽の舞はモーションキャプチャなどのデジタルテクノロジーで正確に再現することができる（これは「きちんとした知」である）。しかし、実際に神楽祭で師匠が踊る場合、その日の天気や気温、師匠自身の体調、観客の反応などさまざまな要素を配慮したうえで舞を踊らなければならない。しかもそれは「完璧な舞」を目標とするのではなく、「だいたいでよい（師匠の言葉）」というようなものである。これを実現するために必要なのが「よいかげんな知」である。

「＋α」が具体的にどのようなものなのかということに関しては、さらに研究を続ける必要がある。しかし、私がさまざまなプロジェクトを実施する中で明らかになってきたのは、「＋α」は時代性・精神性・偶然性に大きく影響を受けると同時に、「知」の厚みや深みに大きく影響するということである。このような特質を持つ「よいかげんな知」は、「知」の枠組みや価値観がめまぐるしく変化する今の時代にとって必要不可欠であると、私は考えている。

もう少し具体的に「よいかげんな知」とはどのようなものであるかを考えるために、ここでは「信号が青ならば横断歩道を渡る」ということを例として取り上げてみよう。「信号が青ならば横断歩道を渡る。信号が赤ならば渡ってはいけない」というのは「きちんとした知」である。確かに、ルールとしてこれは正しい。しかし、実際の生活の中でこれが「正しい」とは言えない。なぜなら、脇見運転の自動車が信号を無視して横断歩道に突っ込んでくるかもしれず、信号が青でも必ずしも安全だとは言えないからである。「渡ってよいかどうか」はそのときの「状況」により流動的である。すべての自動車が横断歩道の手前で止まっていれば渡ってよいが、もし左折中の自動車があれば注意して渡る必要がある。この場合の正しい判断は「信号が青ならば横断歩道を渡ってよいかもしれない」ということであり、左右をよく見て安全を確かめてから渡らなければならない。これが「よいかげんな知」である。

「きちんとした知」は、記号化してコンピュータで扱うことが容易な「知」である。状況がどのようなものであれ「信号が青ならば横断歩道を渡る」というのであれば「あいまいさ」がないため、情報量としても少なくてすむ。それに対し、さまざまな「状況」に対し臨機応変に対処するためには多くの量の情報を処理しなければならない。

つまり、「よいかげんな知」を活用するには多くの情報を処理する必要がある。信号無視のトラックが突っ込んでくるかもしれないし、交通整理をしている警察官が「止まれ」と合図するかもしれない。「よいかげんな知」は「状況」に大きく依存し、したがって多くの情報処理が必要になる。しかし、想定外のことがしばしば起こる現実社会でうまくやっていくためには「よいかげんな知」が必要不可欠なのである。

複雑な対象を複雑なままに捉える

「よいかげんな知」はまた、「複雑な対象を複雑なままに捉えるための知」でもある。「きちんとした知」

のように「複雑なものを要素に分解し単純化する」ということをせず「そのまま」扱おうとする。そのため確かに理解したり扱ったりできるようになるためには時間がかかる。普通それは、何度も繰り返すことにより「しみ込み型の学び」によって獲得される。何度も繰り返しているうちに、その「知」は深まってゆく。

舞の稽古を繰り返すことによって「身体《からだ》があまってくる」と神楽の師匠が言っていることは、「よいかげんな知」の獲得の様相を的確に示している。舞を何度も繰り返すことによって、「間」や「空気」が見えてくる。このとき、「間」や「空気」を言語化することは困難である。これは、「きちんとした知」が容易に言語化、記号化できることとは対照的である。したがって、近代的学校教育を受けて育った私たちにとっては多少の違和感がある「知」かもしれない。しかし、「日常生活をうまくやってゆく」ためには必要不可欠な「知」であり、逆に言えば私たちは日常生活の中で無意識的にではあれ「しみ込み型の学び」により多かれ少なかれ「よいかげんな知」を獲得している。

例えば「経験が役に立つ」ことは誰も否定しないだろうが、これはまさに身体による「よいかげんな知」の記憶である。もちろん、そのような経験を「記録」しておきそれを「マニュアル」として未来に活かすことは可能である。しかし、「複雑な事態」「想定外の事態」に遭遇したとき「記録」が役立たないことも多い。それは、私たちの考えている以上に日常が複雑であいまいなゆえに、多くの情報が含まれているからである。

また、「よいかげんな知」は、基本的に間違いに対し寛容であるという特質を持つ。例えば、神楽の師匠は「間違ってもかまわない」ことを強調していた。大切なのは舞の「形」ではなく舞の「意味」である。

さらに、「よいかげんな知」は状況に依存している。そのときの天候、そのときの体調、そしてその時代など状況は常に変化している。そのため、いったん獲得した「知」であっても、いつも正しいとは限らない。しかし、もし状況が変わっていて「間違い」を起こしても、その都度その状況に合わせてゆけるのが「よいかげんな知」の特徴である。だから、伝統芸能は時代が変わっても長い間続く芸能になる。

「複雑なもの（こと）を複雑なままに捉えるための知」である「よいかげんな知」は、確かにこれまでの学校教育のパラダイムからすれば違和感があった。しかし、近代西洋的なパラダイムが行き詰まっている今日、この考え方を「教育」にも取り入れなければならない、と私は考えている。

熟達者だけが持つ能力とは？

「ミュージカル俳優養成」プロジェクトは、モーションキャプチャを活用することにより民俗芸能の熟達を支援することを目的としている。このプロジェクトでは、民俗芸能を中心としたミュージカルを全国で公演している劇団「わらび座」の役者養成所に協力いただき実施した。

このプロジェクトを実施していて私が興味深いと感じたことは、熟達者が持つ能力についてである。結論を先取りして言えば、熟達者は「複雑な対象を複雑なままに捉える」という能力を持っている。例えば、モーションキャプチャから得られたデータをCG化して初めて見ていただいたときの反応は非常に興味深い（「2・5」参照）。踊りに対してまだ未熟な研究生は全員が「（センサーの位置を示す）点のみのCGは大変わかりやすい」と答えたのに対し、講師は点のみのCGを見ても誰の動きなのか「全然わからない」というのである。このことは私にとって非常な驚きだった。

私は正直わからないです。例えば手を上げるとき背筋を引けと指導しますが、これではそれがわからない。手の骨の位置とか、それはすごくわかりやすい。足がここまで上がっているとか、ここまでいっているとかはわかるんだけれど、その他はわからない。わかるものとわからないものがすごくある。だから、なかなかそれが総合的にならない。実際のを見ていると総合的にわかるでしょ。筋肉をどう使っているとか、呼吸をどうしているとか。（講師）

私は最初、この発言が意味するところを理解することができなかった。しかし、その後の講師との会話から、講師が踊りを評価するとき「身体全体の動きを総合的に評価している」ということに気づいた。したがって、それまで「複雑なものを複雑なままに捉えていた」熟達者に対し、突然一部だけを切り出して提示しても、すぐには理解することが不可能だったのである。

例えば講師は、別の場面で次のようなことを言っている。

ビデオっていうのはわりとそろって見えるんです。…中略…ビデオで少しばらついて見えるっていうときは、実際にはめちゃくちゃばらついているときです。（講師）

図に示すと、こういうことだろう（図4）。「現実」には多くの情報が含まれていて複雑である。それと

図４　メディアと情報量の関係

比較し「ビデオ」の情報量はずっと少ない。そして、モーションキャプチャのデータから作られたＣＧ（点のＣＧや人形のＣＧ）はさらに情報量が少なくなる。したがって、実際は皆の踊りがばらばらで「あら」が見える場合でも、ビデオに撮るとそろって見える。また逆に、ビデオで少しばらついて見える場合、実際はとてもひどい状態にある。たぶん私たち素人が両者を見てほとんど同じように見える場合でも、講師は両者に大きな差を感じ取っている。つまり、講師は長年の経験により、ビデオから得られる情報量と比較して実際の踊りから得ることのできる情報量が格段に多いのである。

「複雑な対象」を捉えるのは「よいかげんな知」の力

さらに、次のような講師の発言がある。

手を横に広げる。下手な人は手の先で広がりは終わり。上手な人は、手の伸びる延長線上にまで広がりを感じます。もちろん上手な人はビデオで見ても広がりを感じることができるけれど、実際に見たほうがずっと広がりを感じるのです。（講師）

不必要な力が抜けてくると、まず身体とその人の支配している空間が大きくなるので、見ているほうは大きく見えてくるんですよね。それが、(研究生の場合には) ここまでっていう感じの伸びがない、その先の空気がないんですよ。(講師)

同じようなことを歌舞伎役者の五代目中村時蔵さんも言っている。[注7] 名人が他の人の舞台を見る場合、名人には演じている人の目に役の見ている風景が見えているか否かがわかると言うのである。つまり、上手な役者にはその役が見ている風景が見えていることが、観客席から見ている名人にもわかる。しかし、下手な役者には、その目に役が見ている風景が見えていない…このことが名人にはわかると言うのである。例えば、舞台上の登場人物が海を見ているシーンがある。このとき、舞台で演じている役者が上手ならばこの役者の目には一面に広がる大海原が写っている。しかし、下手な役者の目に見えるのは、空席が目立つ観客席だけである。このような違いを、観客席にいる名人は舞台上の役者の所作を見て感じ取ることができると言うのである。

講師や名人は、その対象が持つ世界観(意味)を総合的にそして瞬時に感じることができるのだろう。私は、このような能力は複雑な対象を複雑なままに捉えることができる「よいかげんな知」の力だと考えている。

例えば、講師による次のようなコメントは理解しやすい。

私たちもビデオで残すことってあるんですよ…地元の踊りとか。でも、その人たちの生活とか、生の言葉とか、その生活している人たちが肉体をどう使ってやっているかっていうのは、やっぱり映ってこないんですよね。動きは真似ることができても、どういう生活の中でそういう風に動いているのかっていうのがわからないと、やっぱり本当は踊れないんです。（講師）

民俗舞踊の背景には、人々による日々の暮らしが大きく存在している。そのような「意味」を的確に捉えることができてはじめて、踊りが成立する。

「意味」を捉える「よいかげんな知」

京都・祇園で200年受け継がれてきた京舞の井上流には、代々伝えられてきたひとつの言葉があると言う。「舞は自分の目で見て覚えるもの」という言葉である。その井上流の五代家元・井上八千代は、祖母である四代家元・八千代が87歳のときに踊った京舞「虫の音」の映像を見て、次のように語っている。

70から後の「虫の音」というのは、動かないですね。5つ歩いたところを3つにするとか、3つも歩かなくなりまして…でも、そのひと足に、一足出ることによって、私たちはそれが10歩あるかないと表現できないところを一歩でできると言うか…そうゆうことがあります。（NHKビデオ『祇園・京舞の春——井上八千代　三千子　継承の記録』2000）

デジタル・プランナーの金子弘行も言っている（私信 2000）。「日本のアニメーションは伝統的に表情が乏しい」というのである。日本のマンガやアニメ、例えば、ドラえもん、ちびまる子、サザエさん、バカボンなどの「表情」は貧弱である。ところが、その「表現」はとても豊かであると金子は分析する。

このような金子の指摘は、アニメーションの世界にとどまらない。例えば、能の世界や小津安二郎の映画などに、その傾向は典型的に認められる。「表情」を出さない演技、しかしその「表現」はとても豊かであり、観客には無限の情報が伝わってくる。

このような現象には、日本独特の文化的な背景があるのかもしれない。西洋的な文化が客観的な要素を見つけ出しそれに対するすべてを言葉で表現することを良しとしてきたのに対し、東洋的、特に日本的な文化では多くを語らないことが尊重されてきた（ニベット 2004）。しかし、そのときの「多くを語らない」は「情報を伝えない」のではなく、「多くを語らないからこそ無限の情報が伝わる」という点は非常に興味深い。

本書でもこれまで示してきたように、伝統芸能や民俗芸能の世界は無限の情報を含んでいる。歴史や地域性も大きな意味を持っているだろうし、師匠の気持ちや思いもある。それらの要素が複雑に絡み合っている。

もし、この各々を要素に分解し言葉や記号で伝えようとしたら、それは本質的な「意味」を伝えきれないかもしれない。当初私たちは神楽を後世に伝えようとして舞のモーションキャプチャを行ったが、それだけでは神楽の本質を十分に伝えることは困難であることを実感した。目の前にある一瞬を切り取りその表面だけをなぞって言葉や記号で表現しても、本質的な「意味」は伝えきれない。「複雑であいまいな対象」

が持つ本質的な「意味」を伝えようとするならば、その対象を「丸ごと」伝えることがどうしても必要不可欠になるだろう。

役者養成所における重要なしくみ

わらび座の役者養成所では、伝統芸能の師弟関係に似た関わりが講師と研究生の間には存在していた。しかし、役者養成という現実的なそして短期的な目的があるため、伝統芸能や民俗芸能の世界における継承に比べれば「教えること」をより強く意識している現場でもあった。

そこで私たちは、長い時間かけて熟達しなければならない民俗芸能の踊りをデジタルテクノロジーを活用することにより支援するという試みを行った。プロジェクトの中で私たちは、学習者の熟達レベルに合わせて情報量を「減らす」あるいは「増やす」というようにコントロールできるというデジタル活用の効果を確認することができた（佐藤 2011）。同時に、改めて熟達者のすばらしい能力を実感した。どれほどデジタルテクノロジーを効果的に活用しても、やはり2年という短期間で熟達者に追いつくことは困難であることは間違いない。

しかし、わらび座の役者養成所には、熟達の本質である「よいかげんな知」を「しみ込み型の学び」によって獲得させるための教育システムが存在している。それは、2年生の前期に行われる「舞台実習」である。

「舞台実習」では、敷地内の劇場で公演している舞台に数ヵ月実際に出演する。もちろん村人や通行人など「その他大勢」の役ではあるが、これが研究生にとっては大きな飛躍につながる。しかし、舞台に立つだけが「舞台実習」ではない。例えば、舞台が始まる前にご当地名産の団子売りをすることは、観客の反応を客席で間近に感じるための勉強である。また、舞台終了後ロビーで観客を見送ることも、観客から多くのフィードバックが得られる重要な勉強のひとつである。お客さんの「面白かったよ」の一言が、厳しい稽古の励みにもなるだろう。

さらに、舞台裏にもいろいろな仕事がある。小道具・衣装・洗濯・化粧・鬘《かつら》などを準備したり整えたりするという仕事である。一見雑用と思えるこれらの仕事に対しても責任をもってやらなければ、舞台には立たせてもらえない。自分たちの手におえない仕事に関しては、専門の部署に頼んだり先輩たちと一緒に行うことになる。この過程では舞台を支えている他のスタッフや先輩との交流がなされ、授業では教わらないさまざまなことを、身体を使って学ぶのである。さらに、研究生は舞台に立つ先輩たちの姿に将来の自分をだぶらせ、夢をふくらませるのである。

以上のような過程を通して、研究生は舞台に対するリアリティを伴った夢や「あこがれ」をふくらませることになる。それと同時に、授業では教わることのできない舞台を成功させるためのさまざまなことを、身体を使って学ぶ。このときもやはり、個々の研究生がどれほど能動的に「自らの学び」ができるのかが「熟達」に直接つながってゆく。

「舞台実習」では、数ヵ月にわたり「現場」の空気にどっぷりとつかりながらさまざまなことを学ぶ。まさに「身体的な学び」であり「しみ込み型の学び」である。これらの過程を経ることにより、教室で身につけた身体の動作はさらに豊かな「意味」を持った踊りや演技になるのである。

数ヵ月後、「舞台実習」を終えて養成所に戻ってきた研究生たちは、ひとまわりもふたまわりも「大きな役者」に育っているように感じられた。

1・6 「超デジタル」な時代の大学教育

ISTUプロジェクトにおける本当の意義

「東北大学インターネットスクール Internet School of Tohoku University：ＩＳＴＵ」プロジェクトを行う中で私が常に考えていたのは、このプロジェクトの意義は「いつでも、どこでも学ぶことができるという便利なｅラーニングの開発」ではないということであった。そうではなくて、ＩＳＴＵプロジェクトにおける本当の意義は、「現在の教育に対する見直し」、つまり「現在行き詰まりを見せている教育に対して揺さぶりをかけるひとつの契機としてのｅラーニング」であったということである。具体的には、次のようなことである。

例えばｅラーニングでは、わざわざ教室に行き眠気と戦いながら先生の講義を聞くのではなく、自分の頭がさえている時間に自分の部屋でコンピュータのディスプレー上に配信される先生の動画を見ることができる。また、わざわざ重い教科書や辞書、資料集を持ち歩くのではなく、インターネットからダウンロードしたマルチメディア教材をフルに活用することが可能である。このことを考えただけでも、eラーニングは私たちの行動様式や学習スタイルを根底から変えてしまうだろう。

良いことばかりではない。先生との人間関係は極端にニュートラルになり、多くの先輩たちが学んだ講義室で自分も学問できるというワクワクしたあの感触はもう味わえなくなってしまう。また講義終了後、先輩や同僚との飲み会の場で学ぶということも、ほとんどなくなってしまうだろう。

さらに、教育の本質に関わるような変化も現れてくるだろう。例えば、「学び」の評価は大きく変わってくる。このプロジェクトを実施していて教員が不安を訴えたのは、ネットのあちら側で学習している学生が本当に登録している本人なのかということである。また、普段の講義は本人が受けていたとしても、ひょっとしたらテストのときやレポート提出は登録者とは別の誰かが行っているかもしれない。そもそも、テストのときカンニングをしていないかも教師はチェックできない。もちろん、さまざまな技術的な工夫によって本人であることを確認することはできるかもしれないが、それでも完全とは言えない。そして最も重要なことは、そこまでして本人を確認し「学んでいただく」必要があるのかという根本的な問題である。

たぶん、eラーニングでは「カンニングや替え玉受験など何でもＯＫ」ということを前提としなければやってゆけないのだろう。つまり、教育の評価自体、従来とはまったく異なった観点で実施してゆかなければならないのだろう。そしてさらに言えば、そこでカンニングや替え玉受験をしたところで学習者にとっては何のメリットもないというような、従来とは異なる「学び」や教育に対する価値観が生まれてこなければならない。

このように考えてくると、eラーニングを成功させるためには従来の「教育の常識」に対して多くの変更が必要になってくる。つまりeラーニングは、従来の学習や教育における常識の枠組みの中で単に「テクノロジーにより効率的に学ぶ」ということだけではないのだ。私たちの常識的な「学び」のスタイル、そして「学び」の価値観までにも大きな変更をせまるようなひとつの大きな契機が、eラーニングという「学び」や教育の方法なのである。私たちはeラーニングのプロジェクトを行うことによって、従来の「学び」や教育の常識を大きく揺さぶられているのである。

テクノロジー発展の可能性

20世紀・工業化社会では「モノ」という概念が絶対的であり、その意味において物理的空間があるか否か、つまりバーチャルかリアルかの区別もはっきりとしていた。しかし、高度情報化時代になり「モノ」という概念がそれほど強力なものではなくなってきた。その代わりに「情報」という、とらえどころのない概念が支配的になりつつある。そこでは、どこまでがリアルでどこからがバーチャルであるかはもはや意味を持たなくなるかもしれない。さらに言えば、バーチャルな体験から得た知識と実際の体験から得た知識の差が、ほとんどなくなるかもしれない。また、その差を問うこと自体が意味をなさなくなるかもしれない。

今後、子どもたちにとってサイバースペースがもうひとつのリアルな世界になり、インターネットを活用した「学び」という新しいリアリティが発生する可能性は否定できない。少なくとも、そのような可能性を頭の中に置いたうえで、「学び」というものについて考えてゆくことが今後必要になってくるだろう。

しかし一方で、次のようなことも考えられる。これまでのデジタル時代は、どんなに遠くにある情報でも瞬時にアクセス可能であることがメリットとされてきた。しかし今後の「超デジタル」な時代では、逆に「近距離」ということがポイントになって来るかもしれない。そのメリットはたくさんある。まず、世の中にある無限の情報の中からどの情報を自分のものとして取り出すかという問題が解決される。つまり、自分にとって物理的に近い情報が優先的に取り出せるテクノロジーが現れるかもしれない（技術的には非常にシンプルなもので可能になる）。それは必然的に「現場で学ぶ」ということの復権を意味する。例えば、これまではどの国で咲いている花についてもまったく同じように情報を収集することができたが、この考え方ではその国に行った人、そしてその花の前に行った人だけが優先的により詳しい情報を取り出せ、その花について学べるようにすることも可能である。

このような「近距離」性のメリットは、セキュリティという面でも大きい。つまり、現在のように自分の個人情報が世界中どこからでも同じようにアクセス可能ということが回避できる。世界中に公開された情報とは別に、例えば自分の家から半径２００メートル以内の町内の人だけがアクセス可能な情報を区別して公開することが可能になる。このような技術は、患者の取り違いを避けるために医療現場などでも利用されるようになるだろう。

最後に、これには大きな課題もあるが、チップ型コンピュータ自体を人間の身体に埋め込んでしまうということも技術的には十分可能である。さすがに埋め込んだコンピュータと脳細胞を接続して労せずに学習するということはまだまだ多くの時間と倫理的な議論を要するだろう。しかし、例えばチップ型コンピュータに自分の興味や関心領域、その知識のレベルなどの個人情報を入力し、それを眼鏡や腕時計など身につけるものに埋め込んでおけば、日常生活のいたるところで自分にとって適切な情報だけを選択的に獲得することができる。例えばぶらりと本屋さんに行っても、自分の興味あるジャンルの新刊情報が備え付けのモニターで見ることができるようになるだろう。

本書でも何度か示したが、テクノロジーの発展は現在「何でもできるようになった」と言っても過言ではないレベルにまで発展している。「超デジタル」な時代では、テクノロジーを使う前に「それをどのような目的でどのように使うのか」をじっくりと考えることが非常に重要になってくるだろう。

大学における学習の「強制力」

私は「東北大学インターネットスクール」のプロジェクトに関わり、「eラーニング」におけるモチベーション維持の難しさを痛感した。プロジェクトを推進してゆく中で、eラーニングを始めても講義途中で飽きてしまい学習に対して挫折してしまうことがしばしば問題になった。対面講義では、途中で飽きても教室を出て行くためにはそれなりの勇気が必要である。しかしeラーニングの場合、コンピュータはそのままにしてその場を離れることがとても簡単にできてしまう。ディスプレー上に写っている講師のビデオ映像は、学習者がいてもいなくてもそのまま流れ続けている。学習者は講義が終わる頃に戻ってきて、最後に伝えられるレポート課題だけを確認して学習を終える。このようなことが容易に起こりうる。

このような問題をどのように解決したらよいか、私たちも多くの時間をかけて議論した。例えば、その解決策として「5分ごとに画面にランダムな数字を提示し報告させる」というアイディアが出された。しかし、私はこのアイディアには大きな違和感を持った。このような方法により学習を強制したとしても「有効な学び」は生まれないと考えたからである。

そもそもeラーニング成功の前提として、学習者自身に「学問に対する意欲」が存在しなければならない。しかし、学生の中には学ぶ意欲が著しく減退している者もいる。もちろんみんな「まじめ」で講義にも休むことなく出席するのだが、そこに「学びたい」というモチベーションがない場合も多い。特に今の日本では一所懸命勉強しなくとも何とか生きてゆけそうだし、逆に一所懸命勉強しても良い就職が可能になるとは限らない。そして、そもそも自分が本気になって勉強したいと感じている学問領域、あるいはやってみたいと感じている仕事が見つかっていない学生も多い。このような状況では「一所懸命勉強しなさい」と言っても、あまり効果はないだろう。

一方、留学生に接していると、発展途上国の学生は「ハングリー精神」があり「学ぶ意欲」も高いのではないかと思えてしまう。このような国では身近に「金持ち」や「ヒーロー」がいて、みんなのあこがれの的である。一所懸命勉強すれば、将来はあのような「金持ち」や「ヒーロー」になれるかもしれない。たとえ今は貧しくても一所懸命勉強すれば成功のチャンスがある。それが教育に対する「モチベーション（学習意欲）」につながっている。しかし、現在の日本はこのような状況にはない。一所懸命勉強しても、それが自分の「幸せ」に直接つながるという実感がないことも多い。

このような場合、教育にはある種の「強制」のシステムが必要になってくるのだろう。初めは「学問の楽しみ」がまったく感じられないとしても、強制されて学習を続けているうちに「学問の楽しみや喜び」

が感じられるようになってくる。このようなこともあり得るだろう。

このように考えると、eラーニングより対面講義のほうが格段に優れている。対面講義には、出欠による評価、決まった場所、決まった時間などさまざまな「強制システム」が働いている。やはり、教育には「学びの場」が必要なのかもしれない。

「しみ込み型の学び」はアメリカにもあった

学びの「場」ということを考えているとき、欧米の伝統的な大学では非常に強い「強制」のシステムがあることに気がついた。それは、教師や学生を寮やキャンパスの中に「閉じ込める」というシステムである（安部 1997、梅田・飯吉 2010）。

例えば、スタンフォード大学では寮が整備されていて、「みんなが物理的に同じ場所にいる」というある種の「強制」のシステムを提供している。同じ専攻の仲間がいつも一緒にいて、定期的に与えられる課題をグループでやらなければならない。つまり、意図的にみんなが協力し合うということを自然発生させる。また、ＭＩＴ（マサチューセッツ工科大学）では「学びのサロン」的なスペースが学内のあちこちにあり、いつも大勢の学生や教員で賑わっている。ＭＩＴ以外にも北米の大学では、「自由な学習の場」をキャンパス内に設けることが盛んになってきている。さらに、大学図書館の「オンライン化・デジタル化」により図書館内に空きスペースが増えたことに伴い、空いた空間を「学びのサロン」のようにして使おうという発想が出てきたと言う。

またアメリカの大学では、学生の好きそうなファーストフードの店をキャンパス内に設置するというようなことはごく当たり前になっている。このように、居心地の良いコミュニティ空間を用意したりさまざまな便利なサービスを提供することにより、学生や教員を大学キャンパスの中にとどめておこうと工夫している。物理的な境界線ではなく、目には見えない「コミュニティ空間の境界線」によって囲い込もうと相当な努力をしているのである（梅田・飯吉 2010）。

以上のように、欧米の大学では「閉じ込める」というシステムが意図的に作られている。学生や教員たちに対し「場所・時間・さまざまな活動」をできるだけ共有させていこうとしているのである。

ここで「閉じ込める」と言うと「強制的に知識を詰め込む」と考えやすいが、それはちょっと違う。確かに、教師と学生が同じ空間にいて常に顔を合わせていれば「知識をたたき込まれる」ということも多々あるだろう。しかし、「閉じ込める」ことの本当のメリットは、そこに「学びの共同体」が生まれ「知識をたたき込まれる」時間以外のさまざまな状況においても自発的な「学び」が生まれるということにある。このようなシステムは、日本の伝統芸能においてその特徴としていた「内弟子制度」、つまり「しみ込み型の学び」と類似していることに気づき、私は非常に驚いたのである。

本書ではこれまで、「よいかげんな知」や「しみ込み型の学び」を近代西洋の考え方とは真っ向から対立する東洋的なものという枠組みで説明してきた。しかし実は、「よいかげんな知」や「しみ込み型の学び」の考え方は、欧米の伝統的な大学では現在でも立派に息づいているのである。

eラーニング、対面講義、そして「日常」の学び

「よいかげんな知」や「しみ込み型の学び」は、決して日本や東洋の国々に限定されるものではない。「学び」や教育に対する検討は古く古代ギリシアにまでさかのぼることが可能であるが、そもそもアリストテレスは「学び」の基盤を日常的な経験に置いていたと今井氏は指摘している（今井 2010）。日常的な経験には潜在的には「学知」を含んでいるということが、アリストテレスの前提であったと言う。

そのような考え方に対し、ガリレオに始まる近代の自然科学は根本から反論してきた。つまり、近代科学は日常的な経験への不信を前提にしている。もちろん近代科学は経験科学であり経験には立脚しているが、そこで言う「経験」は日常的な生活経験ではなく、非日常的な実験的経験である。つまり、実験者の意図にそって条件を整えられた環境における経験こそ「科学的に価値あるもの」であるとされる。そして、この近代科学の考え方は、今日に至るまで学習や教育のパラダイムとして前提とされてきたのである（今井 2010）。

「eラーニング」は多くの場合、このような近代科学に基づいた教育の考え方を前提としている。しかし、私は「東北大学インターネットスクール」のプロジェクトを実施する中で、「学び」における3つのレベルを強く意識するようになった。つまり、第1レベルの「eラーニング」、第2レベルの「対面講義」、そして第3レベルの「日常生活における学び」である。

まず、第1レベルの「eラーニング」は「きちんとした知」を学ぶのに適している。さまざまな分野の

基本的な情報、そして専門知識を簡単に学ぶことができる。eラーニングによって多くの知識を「短時間で効率的に学ぶ」ことが可能になる。しかし、東北大学インターネットスクールは当初のeラーニングのみからeラーニングと対面講義を併用する「ブレンデット・ラーニング（ハイブリッド・ラーニング）」に自然に変わってきた。eラーニングを実際に試みた多くの教授が、「きちんとした知」をただ効率的に獲得させるだけでは不十分であり、「従来の対面講義も必要不可欠」と考えたことが予想される。

第2レベルは「対面講義」である。教室という場の雰囲気、先生の生の声、周りの同僚たちのささやき、そしてしばしば起こる予想外のハプニング。その雰囲気の中に我が身を置くことは、「学び」に対するモチベーションにも大きくつながる。

そして、意外にも検討の対象となることが少ない「学び」として「日常生活における学び」がある。第1レベルのeラーニング、第2レベルの対面講義で学んだ知識は、実際の日常生活に活かさなければ意味はない。また、eラーニングや対面講義で学んだ知識を日常生活において活用することにより、さらに深く学び直すことも可能である。特に、「日常生活における学び」によって身体性を伴った、そしてリアリティの伴った知識を得ることが可能になる。これがなければ、eラーニングや対面講義で得た知識は単なる「知っている知識」に過ぎず、「役に立つ知識」とはならないのである。eラーニングにおいて「きちんとした知」を短時間で効率的に学び、日常生活の中で「よいかげんな知」をじっくりと時間をかけて学ぶということは、今後の「超デジタル」な時代の「学び」としてひとつのスタイルになるだろう。

大学における教養教育とは何か

以上のような検討をふまえたうえで、これまで提案してきた「よいかげんな知」や「しみ込み型の学び」が大学教育という現場ではどのように位置づけられるのかを改めて検討してみたい。

まず、高校までの教育と大学における教育では何が違うのかについて考えてみると、やはり高校の教育にとって「大学入試」という存在が大きいことは否定できない。現在のような大学入試というシステムがある限り、高校の教育はどうしても「きちんとした知」を「教え込み型の教育」を通して獲得するという学習スタイルにならざるを得ない。

それに対し大学における教育には、伝統的に「よいかげんな知」を「しみ込み型の学び」によって獲得するという側面がある。例えば、理系の学問領域では「実験」が重要な教育となるが、そのような授業では教授や研究室の先輩が「教師」というよりはむしろ「研究者」として学生と関わっている。それは、ある意味で「師匠と弟子の関係」に似ているかもしれない。そのような現場では、その分野における専門知識や専門的なスキルの獲得に加え、教授の研究者としての「生き方」を知ることや先輩の「研究」に向き合う姿を見ることなどが大変重要な勉強となる。これらは「教えられて理解する」というよりは「身近にいて学びとるもの」あるいは「いつでも一緒にいると何となくわかってくるもの」であろう。

また、文系の学問領域でも、例えば教育心理学や社会心理学などには「実践」や「調査」がある。そこでは理系の学問領域と同じように、教授や先輩と一緒に活動することにより「しみ込んでくるような学び」

があるだろう。さらに、「何もないところから自分自身で何かを生み出す」ために必要な「知」を自ら学びとってゆくということが重視される。

さらに文献研究を中心とするような学問においても、研究者として、あるいは人間としての「生き方」や研究に対する姿勢などを教授や先輩から学ぶことが、その後の研究の発展にとってとても大切になってくる。

このように大学教育には、高校における「きちんとした知」を「教え込み型の教育」を通して獲得するという学習スタイルとは大きく違った特徴がある。

さて、このような大学教育の側面が特に「専門教育」になってからの話だとしたならば、それまでの準備期間、つまり「教養教育（1、2年次の一般教養課程）」の役割はどのようなものになるのだろう？　私は「教養教育」を、高校までの「きちんとした知」を「教え込み型の教育」を通して獲得するという学習スタイルから「よいかげんな知」を「しみ込み型の学び」を通して獲得するという学習スタイルへの移行期であると考えている。つまり、「両者の橋渡し」の役割である。高校までの「きちんとした知」を「教え込み型の教育」で獲得するという学習スタイルに加え、「よいかげんな知」を「しみ込み型の学び」で獲得するという学習スタイルのトレーニングとなるのが大学における「教養教育」と考えているのである。

「よいかげんな知」と教養教育

良い講義とは、どのような講義なのだろう？　この疑問に対する回答としてしばしば耳にするのは、良い講義とは「学生にとってわかりやすい講義」というものである。大学の講義は、わかりやすく面白い必要がある。

さらに現代社会では、できるだけ多くの情報をできるだけ短時間に効率よく学ぶことができる講義が「良い講義」とされる。したがってeラーニングは、私たちが気軽に、そしてスピーディに「学ぶ」ことを可能にした画期的な学習スタイルである。何かわからないこと、知りたいことがあった場合にはコンピュータで検索し、インターネット上にある情報を集めて学ぶ。「知りたい」と思ったらすぐに調べ、すぐに知ることができる。マクルーハンも言うように、今の時代は「電子の瞬間的伝播力」を特徴とする時代であることに間違いはない（マクルーハン 2002）。

しかし、次のような場合を考えてみよう。例えば、「カンガルーについて知りたい」というとき、インターネットで調べて知る場合と、実際にオーストラリア人から教えてもらう場合とでは大きな違いがある。前者では「カンガルーはオーストラリアに生息していて草食である。他の有袋類と同様、子どもを育児嚢《のう》で育て……」というように詳細な知識を知ることができる。

一方、オーストラリア人に「カンガルーってどんな動物ですか」と聞けば「結構どこにでもいて時々道に飛び出し交通事故の原因になっているから、田舎の道を車で走るときには注意が必要だよ。最近、その数が増えて深刻な社会問題になっている。確かに見た目はかわいいんだけど、臭いし興奮しているとき近づくと危険だよ」などと教えてくれるだろう。前者が「きちんとした知」であり、後者が「よいかげんな知」である。そして私は、後者のような現場で役立つ「知」こそ、大学教育では必要なのだと考えている。

大学教員が持つ専門性は、決して研究の最前線でのみ役立つものではない。大学受験のために「きちんとした知」を「教え込み型の教育」を通して獲得するという学習スタイルになれている大学1、2年生に対し、「教え込み型の教育」によって獲得した「きちんとした知」が必ずしも日常世界で正しいとは限らないこと、そして「本当は何が真実なのか」を教えることができるのは、高度の専門性を身につけている大学教員であると考えている。「専門性に優れている人」とは「専門領域の基礎知識をたくさん持っている人」ではなく、その「知」に関してさまざまな経験を積み、独自の価値観や世界観を持っている人なのである。

学生にとって、自分が知らなかった価値観や世界観を学ぶことは楽しいことだし、そのようなさまざまな価値観や世界観を学び、その中から自分の「好きなもの」「自分に合いそうなもの」を見つけ出すのが「教養教育」の役割ではないだろうか。そして、そのような過程の中で、それまで身につけてきた「きちんとした知」を「教え込み型の教育」を通して獲得するという学習スタイルに加え、「よいかげんな知」を「しみ込み型の学び」で獲得するという学習スタイルを身につけてゆくのである。

「リアリティ」ある知識をじっくり学ぶ

これまでのデジタル時代では、どんどん増え続ける情報を最先端のデジタルテクノロジーを最大に活用することにより、短時間で効率的に頭の中に詰め込んでゆくことが強く求められてきた。

しかし、今後の「超デジタル」な時代には、「じっくり学ぶこと」の大切さが見直されてくるだろう。本をじっくり読むこと（熟読）やじっくり時間をかけて考えること（熟考）は、昔から「学び」の重要なスタイルであった。例えば、カントの『純粋理性批判』は高度な集中力で繰り返し時間をかけて読まなければ理解することもできないし、その本から何も得ることはできない。また、一人で何時間もひとつのことを考え込んだり友人と時間をかけて議論することなど、一昔前には誰しもが「学び」のための重要な手段であると考えていた。このようなスタイルの「学び」では、そのときには理解できなくとも時間を重ねることによってしばらくしてから突然わかる、つまり「役立つ知識」として浮かび上がってくることも多い。そして、そのような知識は時間の経過とともにその価値が減少するということも少ない。例えば、プラトンや孔子の著述、あるいは空海が説いた真言密教の教えという情報の価値などは何十年、何百年と（多少の変動はあるものの）極端に低くなるということはない。

今後の社会は、ますます複雑化してゆくことだろう。その中で何とかうまくやっていくためには「複雑な対象を複雑なままに捉える」という「やわらかな態度」が必要不可欠である。そして、そのための「学び」こそ「しみ込み型の学び」なのである。

結局、今の時代に必要なのは「リアリティのある情報」なのだ。リアリティのある情報だけが、その人にとって役に立つ知識として身につく。「学び」とは、ただ情報を頭の中に蓄積すればよいのではない。その情報の価値を身体全体で感じ、身体にしみ込むような感触を楽しみながら学ばなければ、まったく意味ある知識にはならない。そして、そのような「学び」は一般に、それほど短時間で効率よく学ぶことはできない。情報の速度こそが絶対的な価値となっている現在だからこそ「じっくり学ぶ」ことの復権が重要になってくる。そして、「じっくり学ぶ」ことは、今私たちが忘れかけている「学ぶことの喜び」を思い出させてくれるのである。

最近、大学のキャンパスで社会人や高齢者を見かけることが多くなった。社会に出て初めて「学びたい」と思った人、子育てや会社人生を終えて「ゆっくり学びたい」と思った人が、再び大学に戻ってきているのである。これは、とてもすばらしいことだと思う。20世紀・工業化時代の大学教育は、効率的に生産を高めるためにあった。しかし、21世紀の「超デジタル」な時代では、「自分の楽しみや自分の幸せのための教養教育・専門教育」という時代になるだろう。大学とは本来、時間をかけて学ぶところなのだと思う。一生、時間をかけて学ぶことができるところでもある。

確かに、eラーニングはスピーディにそして効果的に「学ぶ」ことができる。しかし、このような「学び」は単に「記号」を頭の中に記憶（記録）するだけの「学び」に近い。これからの「超デジタル」な時代に大切なのは「じっくり学ぶこと」の復権なのである。生活の中で「じっくり学ぶ」ことができてはじめて、獲得した情報は「リアリティのある知識」になるのである。

1・7　例えば、「妖怪は存在する」という知

「きちんとした知」の拡大と「よいかげんな知」の衰退

私が育った昭和30年代から40年代にかけては高度経済成長期であり、新しいテクノロジーがどんどん私たちの生活の中にも入ってきた・・・テレビ、ステレオ、洗濯機、冷蔵庫、そしてテープレコーダ。しかし、それでは私たちの頭の中は「新しいモノ」に100パーセント占領されていたのかと言えばそうでもなく、ちゃんと「昔のこと」も共存していた。おばあちゃんから「昔の話」を聞いたり、母親から「童話の本」を読んでもらったり、テレビでもしばしば「昔話」を見ていた。

「川には河童が住んでいてねえ。川でふざけている子どもたちを川底に引きずり込むんだよ。」

「ウソをついたりお友達の悪口を言ったりすると、鬼さんがやってきて舌を抜かれるよ。」

私は、クリスマス・イブにはサンタクロースが持ってくるはずのプレゼントを本気で心待ちにし、月ではウサギが餅つきをしていると本気で信じていた。

しかし、それらは科学的に見れば「作り話」、つまり「ウソ」の話である。科学の発展、テクノロジーの発展、メディアの発展は次々と昔話のウソを暴き、「近代教育」という名のもとに子どもたちの前からこれらを排除してきた。その結果、現代の子どもたちは、河童や鬼は単なる言い伝えでありこの世には存在しないこと、街で見かけるサンタクロースは学生さんがアルバイトでやっていることでありプレゼントは父親がおもちゃ屋さんから買ってくること、月はクレーターしかない荒涼とした世界でありウサギなど住んでいないことを知っている。

内山によれば、1965年を境にして日本人はキツネにだまされなくなった、と言う（内山 2007）。ちょうどその頃、日本の人々が受け継いできた伝統的な精神が衰弱し、同時に日本の自然が大きく変わりながら自然と人間のコミュニケーションが変容していった。その意味で、1965年当時、日本にはひとつの革命がもたらされていた、と内山は考えるのである。

かつて私たちは妖怪の存在を信じ、そのことによって精神的なバランスを保っていた。それが、工業化時代、高度情報化時代になり「妖怪の存在は科学的に証明できない」という理由により妖怪の存在を否定するようになった。そこに、「よいかげんな知」の排除と「きちんとした知」の拡大がある。私は、「妖怪」の衰退とはつまり「よいかげんな知」の衰退とともに「きちんとした知」が人々の中にバランスを崩しながら必要以上に浸透してきたことを象徴するひとつの現象である、と考えている。

ところが、20世紀も終わろうとする頃、人々はテクノロジーの支配する社会はとてもストレスがたまるということに気づき始めた。そして、「発展」という名の下に私たちは何か「とても大切なもの」を失ってしまったのではないかと疑いだした。例えば、文化人類学者の小松は、次のように言う。

私たちが制圧してきた「闇」の文化のなかに私たちの生活に必要なことも含まれていたのではないか。……中略（引用者）……人間を幸福にするはずであった近代の科学的文明・合理主義が頂点にまで到達したという現代において、多くの人々がその息苦しさ、精神生活の「貧しさ」（精神的疲労）を感じ、将来に漠然とした「不安」を抱いているということを思うと、逆に「原始的」とか「呪術的」とか「迷信」といったレッテルを貼って排除してきたもののなかに、むしろ人間の精神にとって大切なものが含まれているとも言えるのかもしれない。（小松 2007）

第I部の最終章となるこの章で私は、「超デジタル」な時代における「よいかげんな知」のひとつの例として「妖怪は存在するという知」を取り上げ少し詳しく検討してみたい。

「妖怪」とは何か？

「妖怪」とは何か？　小松は、次のように定義する。

「妖怪」とはなにか。厳密な定義を行なうことはまことに難しいが、一言で言えば、それは「異常な」現象もしくは事物・存在のことである。（小松 1990）

日本の妖怪は数多い。小松は「妖怪」を「妖怪現象」と「妖怪存在」の2つに便宜的に区別している（小松 1990）。「妖怪現象」とは人々が不思議だと思うような現象のことであり、例えば「狸囃し《たぬきばや》」や「天狗囃し」がある。「狸囃し」とは深夜にどこからともなく太鼓などの音が聞こえてくるというもので、特に江戸の町にしばしば出現したと言う。「狸囃し」が都市で聞かれた怪音であったのに対し、山で聞かれる「囃し」は多くが「天狗囃し」と呼ばれていた。

こうした怪音を科学的に解釈すれば、はるか遠方で行われていた祭囃しなどが地形や気流の関係ですぐ近くであるかのように聞こえる現象と説明されるかもしれない。しかし、かつてはそのような知識がなかったため、怪音を作り出す超自然的存在としての「妖怪」が想定されたのだろう。つまり、「狸囃し」はその名が示すように、妖怪化した狸によって演奏される「神楽囃し」であり、山中の「天狗囃し」は天狗たちによる「神楽囃し」だと説明し、人々はそれを受け入れてそれなりに納得しようとしたのであろう。

一方、「妖怪存在」としてよく知られているものとして、小松は「鬼」「天狗」「キツネ」をあげる。小松によれば、「鬼」は陰陽師たちによって特に説かれた妖怪であり、「天狗」は密教の僧たちが好んで説いた妖怪であったと言う。中国から輸入された妖怪としての「キツネ」は密教僧と陰陽師の双方が大いに利用した妖怪であった。このために、「キツネ」は「鬼」や「天狗」とも時として置き換え可能な妖怪であったと言う。

鬼の典型的な物語は「大江山酒呑童子《おおえやましゅてんどうじ》」の物語である。この鬼の一党は、「人さらい」や「食人」などの反人間的属性をすべて帯びた存在として描かれ、人間に病気や死をもたらすのもこうした「鬼」であった。

陰陽師の説くこのような「鬼」に対抗するかのように、密教僧たちが想像し説いて回ったのが「天狗」であった。「天狗」は貴族や民衆の病気や死の原因として、つまり「もののけ」の正体として語られた。さらに、「鬼」と「天狗」という強大な妖怪にはさまれながらも、その双方のエネルギーを吸収して強大化したのが妖怪としての「キツネ」である。「キツネ」が人間に化けたり、人に乗り移って病気をもたらしたりするということは『日本霊異記《りょういき》』にも見られ、古くから人々に妖怪として信じられていた（小松1990）。

内山も、昔は普通に人々はキツネにだまされていたと言う。

> 村人が山道を歩いていく。目的はマツタケ、マイタケといった「大物」の茸狩りで、弁当をもって朝から山に入った。こんなときに歩く山道は登山道のようによく整備されたものではなく、地元の人間にしかわからないような険しい道である。途中には岩をよじ登ったりしなければならない場所もある。そういう所にさしかかると、人間はたいてい最初に弁当などの荷物を、手を伸ばして岩の上に置き、それから両腕を使って岩の上によじ登る。こういう場所でキツネは待っているのである。そうして人間が岩の上に弁当などを置くとそれをくわえて持っていく。岩の上によじ登ったときキツネの後姿をみかけることもあるが、忽然《こつぜん》として弁当が消えたとしか思えないこともある。そんなとき人々はキツネにだまされた、あるいは悪さをされたと言う。（内山 2007）

人々は妖怪の存在を信じ、「キツネにだまされた」という話を信じていた。そのことが結果として、山奥に入るときには最善の注意を払わなければいけない、危険な場所に近づいてはいけない、夜道を一人で歩かないなど安全に、そしてより良く生きてゆくための教訓や子どものしつけにもなっていた。
そのほか、首が異常に長い「ろくろ首」、顔から目や鼻、口などすべての属性を取り除いた「ぬっぺら坊」、目が一つだけの「一つ目小僧」、また異なる動物の部分を寄せ集めた「ぬえ」、道具と動物を寄せ合わせた「つくも神」のような妖怪の話も、昔の日本にはごく普通に人々の間で信じられていたのである。

「妖怪の存在」と人間の認識

１９６５年以前、日本の各地でたくさんの人間がキツネにだまされていた。しかし、キツネにだまされたという話は本当なのだろうか？　内山は、次のように言う。

疑い深い人なら、本当にキツネの仕業だったのだろうかと考えることだろう。私はそのことは問わない。かつては人々の生活世界のなかに、それが事実であったにせよなかったにせよ、キツネがたえず介入し、キツネの介入を感じながら暮らしていたという、この事実だけを押さえておけばここでは十分である。実際村人は、このような話を疑うことはなかった。（内山 2007）

さらに、付け加えて次のように言う。

それは、キツネにだまされていたという話が事実だったかどうかにかかわらず、なぜだまされなくなったのかを問いかけると、そこから多くの事実が浮かび上がるということである。出発点が事実かどうかにかかわらず、その考察過程ではいくつもの事実がみつけだされる。（内山 2007）

小松も、同様の立場をとる。例えば、妖怪撲滅運動の急先鋒であった井上円了が「化け物屋敷でタヌキが拍子木を打つ」という現象を科学的に調べ、この音が屋根の雪が溶けてその下にあった竹の筒に落ちたときに発する音であることを突き止めた。

それに対し、小松は次のように言う。

もし私が彼の立場にあったとしても、同様の行動をしていたであろう。しかし、その一方で、私はこの竹筒に落ちる雨だれの音をタヌキによる怪音と判断する、この地方の人々のコスモロジーをも調べるであろう。怪音が聞こえてくる空間が夜の「背戸」の闇からであり、その闇の奥に妖怪タヌキが棲んでいる。この地方の人々はそう信じていたのである。（小松 2007）

妖怪が「実際に存在するか否か」ということが大切なのではなく、私たちが「妖怪が実際に存在すると考えているか否か」ということが重要なのだ。つまり、妖怪を研究するということは、妖怪を生み出した人間を研究するということに他ならない。

内山は、次のように言う。

おそらくこういうことであろう。私たちには合理的な説明はできないけれど「わかる」こと、「納得できる」こと、「諒解できる」ことなどがある。知性では説明できないのに、自分の身体や生命はつかんでいるのである。身体の記憶や生命の記憶に照らしたとき、それはよく「わかる」ものとして現われる。

……中略（引用者）……

それは、知性を介さずに「わかる」ものの現われ方のひとつだと言ってもよい。私たちは直観というかたちでものごとを「つかん」だり、判断したりすることがあるけれど、身体や生命による認識や判断は知性を介さないがゆえに、私たちには直観というかたちで現われる。ベルクソンが述べるように、知性から直観は生まれないし、直観は生命そのものから生まれてくる。（内山 2007）

実在（妖怪は実在する）ではなく、「その人が妖怪は実在すると信じている」ということが大切なのである。なぜなら、妖怪とは「実在」ではなく人間にとっての「意味」、つまり「その人にとってのリアリティ」そのものなのである。そのことによって「その人にとっての真実」が変わってくる。このことが、その人の「知的世界」、「知的空間」、そして精神世界（ストレスの発生とその解消）に深く関わってくる。これらは、科学的に「実在しているか否か」とはまったく関係がない。「妖怪」とは、人々が何らかの情報を受け取り、受け取った人が自ら生み出した「リアリティ」そのものである。しかもそれは、とてもイキイキとしたものであった。

昔の人は、「なま暖かい風」を感じると、そこに「妖怪」を感じていた。しかし、私たちはたとえ「なま暖かい風」が吹いたとしても、そこに「妖怪」どころか「異様な雰囲気」すら感じることはない。つまり、妖怪がいなくなったのは、私たちが異様な情報を受け取ったとしても何も生み出さなくなったからである。

「妖怪は存在する」という知と豊かな精神世界

このように考えると、内山が紹介している「馬頭観音の話」には、「これが本来人間が持っているすばらしい能力なのではないか」と感動せざるを得ない。

馬頭観音は、馬を使って荷を運んでいた時代に、事故にあって馬が死んだ場所や馬が集まる場所に馬の安全を祈って建てられた供養塔である。内山が暮らしている群馬県の上野村にも、山の中をぬうようにつくられた街道脇にはいくつもの馬頭観音がある。ある日、内山は村人のひとりから「馬頭観音は単に馬が事故死したから建てられたものではない」という話を聞いた。その彼は、次のように話したと言う。

山の中には、時空の裂け目とでも言うべきものがいくつもある。それは、この世とあの世を結んでいる裂け目でもあり、私たちの世界と魔界、あるいは原始の世界を結んでいる裂け目である。この裂け目はだれかが命をささげなければ埋まることはない。人間たちが山で死ぬのは、きまってそういう所で、ところが人間にはこの裂け目がみえない。

自然界の動物たちはこの裂け目がみえるから、そんなところに落ちることはないし、なかにはかつてのオオカミのように、この裂け目を利用して、異なる時空を移動していた動物もいた。そして、馬もまた、この時空の裂け目をみつけることがあった。ほうっておけば、いつかだれかが命を落とすだろう。そう考えた馬は、自らその裂け目に命を投げだし、人間の身代わりになった馬が「事故死」するのはそういうときで、そのことに気づいた村人が、その場所に馬頭観音を建てた。（内山 2005）

この話に対し、内山は「たとえごく少数であれ、そう理解することによって馬頭観音に手を合わせてきた人々がいるとすれば、その人々にとっては、馬頭観音はそう解釈された世界のなかに存在してきたことになる」と言う。

人間の認識《こころ》とは、そこまでも深くものごとを捉えることができることに感動すらおぼえ、そのことは豊かな生活に結びつくのではないかと考えてしまう。科学的な知識をもって「この話は迷信である」と結論づけてしまうことは簡単である。しかし、そうすることにより私たちは人間が認識できる世界の半分を捨て去ってしまうことになる。道端にひっそりとたたずむ馬頭観音を見て深い「物語」を感じ、手を合わせるという「知」もある。私たちが現在忘れかけているこのような「知」に気づくことは、私たちが認識できるもう半分の世界を取り戻す契機になる。

このように考えてみると、このような「知」こそが本質的な意味での「教養」なのではないだろうかとすら思えてくる。そして、このような「教養」こそ、これからの「超デジタル」な時代にとって必要不可欠な「知的スタイル」なのだと私は考えている。

人間にとっての「妖怪は存在する」という知

「妖怪は存在する」という知は、人間が精神を安定させるためのひとつの「知」であると同時に、人間と自然の関係をうまく保つための「知」でもある。このような「知的システム」が江戸時代には活き活きと存在していたし、少なくとも1965年以前までは何とか私たちの周りに残っていた。

昔の人は現実世界で何か不吉なこと不幸な事件があると、その原因を死後の世界や死者の魂の存在に結びつけて考えていた。それは人間の力では「どうにもならないこと」であると納得したり、あきらめることによって、自分の感情をコントロールするために役立った。さらに、現実世界と妖怪や幽霊が棲む異界との境界線をあえてあいまいに保つことにより、自分が抱えている現実世界において「負の方向性を持つリアリティ」を意識的にあいまいなものに変え精神的なバランスを保ってきたのである。ここで「負の方向性を持つリアリティ」というのは、例えば「日常生活に対するストレス」や「死に対する不安」である。このように、妖怪が棲む異界との関係を持つことは、ストレス解消や精神安定の「装置＝システム」として働いていた。

「妖怪は存在する」という知は、子どもたちに対する家庭教育の場でもしばしば活用されていた。「嘘をつくと鬼に舌を抜かれるよ」ということは、私も幼い頃よく母親から言われていた。さらに、「山道にはさまざまな妖怪が出るので夜に歩くのは避けなさい」「川の深みにはカッパが棲んでいるので近づかないように」などは自然の恐ろしさを子どもたちに教育するために使われた。つまり、「妖怪は存在する」という知は、人間と自然の関係をうまく保つための「知」でもあった。

このような「妖怪は存在する」という知を、今の時代に取り戻すことはできないのだろうか？　このような「知」は、「科学的に真実か否か」という話とはまったく別次元の話である。今、私たちに必要なのは、「科学的には正しくない（かもしれない）」にもかかわらず「人間が生きてゆくためには必要不可欠な知」なのである。

「妖怪」が人々の心の中に生きていた頃、人々は「複雑な対象」や「あいまいな対象」を無理に分析したり理解しようとはせず、そのまま受け入れていた。人々は「よいかげんな知」を持っていれば、何とかこの社会で幸せに暮らしてゆけることを知っていたからである。「よいかげんな知」とは「複雑な対象を複雑なままに捉えようとする知」であり、「しみ込み型の学び」によって身についていく知である。そして、「しみ込み型の学び」は「身体的な学び」でもある。私たちが子どもの頃は、母親の膝の上に座ってこのような昔話を毎日のように聞いていた。

しかし、私たちは学校教育や社会の常識により、「真実」を知るためには対象を明確に、そして客観的に捉えなくてはならないという「思い込み」を持たされてしまった。そして、それまでは暗闇の中で見ていた対象に対し強い照明を当てることにより、隅々まで鮮明に分析しようとしてきた。また、それまでは「複雑なもの」は複雑なままに、「あいまいなもの」はあいまいなままに受け入れてきた対象を強制的に細かく分解したうえで、その一つひとつの要素を明らかにしようとしてきた。そうして私たちは、「複雑な対象」や「あいまいな対象」、そして「よいかげんな知」や「妖怪」を排除してきたのである。

超デジタル的存在としての鉄腕アトム

最近、私はある事実を知り、ドキッとした。手塚治虫が鉄腕アトムの誕生日を２００３年４月７日に設定したことは以前から知っていたのだが、そのちょうど３００年前の１７０３年（元禄16年）４月７日に「心中」という非常に古典的、かつ人間的なひとつの有名な事件が起こったことを知ったのである。その心中事件というのは、かの近松門左衛門作「曽根崎心中」のモデルになった事件である。１７０３年４月７日、大阪堂島新地天満屋の女郎はつと内本町醤油商平野屋の手代である徳兵衛が、梅田・曽根崎の露天神の森で情死した。この事件はあっという間に世間の話題になり、近松門左衛門によって文楽「曽根崎心中」が発表されたのである。

手塚治虫が、そのことを知っていたか否かは定かではない。しかし、「心中」という近代西洋的な「理性」とは対極にあるとても人間的な行為と鉄腕アトムの誕生が重なっていることに、私はドキッとしたのである。そして、手塚治虫が「アトムは心中せざるを得ないという人間の心までも理解できるんだよ」ということを言いたくて意図的にそのように誕生日を設定したと考えてみることは、それだけでもワクワクしてくる。

そのように考えてみると、「鉄腕アトム」は「超デジタル」という思想の象徴のようにも思えてくる。アトムは最先端の科学、最先端のテクノロジーを駆使して作られている。しかし、その本質は非常に人間的である。人々とのコミュニケーションを通してさまざまな「よいかげんな知」を学び、もともと備えている高性能の人工知能に蓄えられている知識とうまくバランスをとりながら判断し行動している。まさに、「コンピュータの脳」と「身体性に基づく感覚やセンス」を持っている。

現在、「文楽」がブームになっていると言う。そしてもちろん「曽根崎心中」という演目も繰り返し上演されている。文楽で上演される「心中」に対しては多くの人が受け入れ感動すらおぼえる一方、マスコミで「心中事件」が報道されれば、私たちはそれを「スキャンダラスで許容できないもの」と感じてしまう（今では「心中」ということを耳にすることすらほとんどなくなっている）。それが「現代の感覚」であり、これだけ情報化が進み「何でもあり」のように見えて、「現代」という時代は意外と「価値の単一化」が強い時代なのかもしれない。

一見「とても多様な時代」と見えるのは、その本質を構成している「記号」がさまざま多様な事態を「表象」しているからである。しかし、本質的にはすべては「記号が表象しているだけの上っ面だけの世界」というのが、デジタル時代の本当の姿かもしれない。その結果、この世の中にはさまざまな価値観を持つさまざまな「文化」があること、そしてその文化の中にはさまざまな「真実」があることに対し、多くの人々が実感を持てない。「デジタル」という思想自体が、そのような「多様性」を覆い隠している。その結果、必然的に「一つひとつものごとを着実に進めてゆけば必ずうまく行く」「清く正しく美しくを求める」「必要悪もすべて排除しようとする」・・・という価値観のみを受け入れてしまう。そして、私たちの前には「のっぺりとした世界」だけが広がっていると感じてしまうのである。

手塚治虫がアトムの誕生日として設定した２００３年から、すでに9年が過ぎようとしている。しかし未だ、「コンピュータの脳」と「身体性に基づく感覚やセンス」を持っている「超デジタルなロボット」

は私たちの前に現れてはいない。
私たちは、いつになったら鉄腕アトムに出会えるのだろう?

妖怪とデジタルの間を埋めてゆく

さて、第Ⅱ部では、「超デジタル」な学びを探求する7つのプロジェクトについて詳しく紹介してゆく。私はさまざまなプロジェクトを行う中で、デジタルテクノロジー発展の方向性がアナログに、つまり人間的な方向に向かっていることを実感してきた。例えば、最先端のデジタルテクノロジーにより制作されたCGの表面は、アナログ作品との区別がつかないほどスムーズになっている。また、デジタルテクノロジーの発展は「複雑な対象を複雑なままに捉える」ことを可能にし、さらにその対象が置かれている「状況」や文脈までもデジタルで捉えることを可能にしている。

このようなデジタルテクノロジー発展の方向性は、「超デジタル」な時代の「学び」や教育とも呼応している。ここまで本書では、従来のデジタル時代では「きちんとした知」を「教え込み型の教育」によって獲得してゆくことが中心であったこと、しかしこれからの「超デジタル」な時代には「よいかげんな知」を「しみ込み型の学び」により身につけてゆくことが必要になってゆくことを示した。これからの時代は、理解しようとする対象を細かく分解し客観的に明らかにしようとするのではなく、「対象を丸ごと」捉え理解しようとする知的スタイルが重視されるようになるだろう。それは言い換えれば、複雑な対象を複雑なままに捉えようとする知的スタイルである。このことによって人間の感性は刺激され、「理屈ではなく直感的にわかる」あるいは「リアリティを持ってわかる」ことが可能になる。

そして、そのような知的スタイルが私たちに馴染んできたとき、私たちはこれまで当たり前と思っていた暮らしや仕事の「スピード」が異常に速すぎたことに気づくだろう。それまで目に見える対象だけを信じ暗闇をとことん排除してきた結果、人間は「大切な対象の半分」を失ってしまったことに気づくだろう。また、「グローバル化」と称し世界中にひとつの価値尺度を強引に持ち込んできたことが、人間にとって本当はとても大切な「ローカル」という概念を排除してきたことに気づくだろう。そして、本当は人間にとって「妖怪は存在するという知」がとても大切であるということに気づくのである。

私は、もし私たちが今「妖怪は存在するという知」を取り戻せるとしたならば、それは最先端のデジタルテクノロジーがその契機になると考えている。

私がこれまで行ってきた7つのプロジェクト…　それはまさに、「妖怪とデジタルの間を埋めてゆく」作業なのである。

第Ⅱ部

「超デジタル」な学びプロジェクト

2・1 「eカウンセリング」プロジェクト

「eカウンセリング」プロジェクト始動

このプロジェクトは、1999年4月から2001年3月までの2年間、科学技術庁（当時、現在は文部科学省）から多額の資金を得て実施された（プロジェクトリーダー：野口正一会津大学学長）。その後2004年までの3年間、厚生労働省から資金をいただきプロジェクトを継続した（プロジェクトリーダー：渡部）。

日本の場合、インターネットは1990年代中頃から急速に普及を開始した。プロジェクトが始まった1999年当時、現在と比較すればまだ回線も細く動画を配信するのも厳しい段階ではあったが、社会全体がテクノロジーの発展に大きな夢を持っていた。事実、2000年を過ぎた頃から「爆発的」とも言るほどの普及を開始した「eラーニング」を含め、特に産業界ではインターネットを活用したさまざまな試みが開始されたのも2000年前後であった（「eラーニング」プロジェクトに関しては、次の章で紹介する）。

そのような背景の中で、当時の科学技術庁が多額の資金を「インターネットを活用したカウンセリング」を目的とする本プロジェクトに提供してくれたのも、ある意味では納得できることであろう。科学技術庁から示されたミッションは、5年後のインターネット環境を想定した福祉サービスに関する「モデル」の開発である。

各分野で活躍する研究者、総勢20数名が、4つのチームに分かれて編成された。教育学・教育工学・認知科学の専門家によるコンテンツ作成チーム、それをセキュリティに配慮しながら配信する技術者チーム、配信されたコンテンツおよびユーザーインターフェイスを含めたシステム全体を評価するチーム、そして著作権に関して研究を進めるチームの4つである。私自身は著作権以外の3つのチームに関わらせていただき、特にコンテンツの企画と開発を任せていただいた。大きな流れとしては、1999年度の一年間をかけて企画・開発を行い、2000年度の一年間に実証実験と評価を行うことになった。

当時の私は、病院における脳損傷者の言語リハビリテーション、地方教員養成大学の障害児治療教育センターにおける自閉症教育を経て母校の東北大学に戻って間もない時期であり、「人間とロボットの関係」に興味を持っていた。そこで私は、プロジェクトのコンセプトを「最先端のテクノロジーを活用した弱者に優しいサービス」に決めた。具体的には、不登校児や障害児など何らかの問題を抱えている子どもを持つ親御さんや教師に対し、子育てに関する情報の提供方法およびネットワークを利用したカウンセリング（発達相談）を今後どのように構築していったらよいのか、その「モデル」の開発を目的に据えた。

システムの名前は、「ほっとママ」とした。お母さん（や先生）がこのシステムを利用することにより「ほっと」安心できるシステムにしたかったからである（図5）。

4つのレベルで行うカウンセリング

まず私は、ここで提供するカウンセリングを4つのレベルに分けて考えることにした。

まず、システムを利用していただく第1段階として「専門知識のデータベース」を用意した（レベル1）。

ここでは、16の専門領域（不登校、情緒障害、言葉の遅れ、知的障害、学習障害、心の病、自閉症の療育、健康障害・病虚弱など）における一般的な疑問に答えるために、各領域ごとに「Q＆A」を30個用意した。

図5　「ほっとママ」のオープニング画面

詳しく知りたいユーザーのために、各々の「Q＆A」に関してさらに詳しい解説もつけた。つまり、ここでは「よくある質問」に対する専門家による回答を閲覧できる。全体で480個の「Q＆A」と詳しい解説が用意され、これだけでも有効なデータベースとなっている（この内容は、2冊の書籍にまとめて出版した（渡部編 2000））。

ここでも、プロジェクトのコンセプトである「最先端のテクノロジーを活用した弱者に優しいサービス」を最大に取り入れた。つまり、執筆は各領域で活躍する全国の専門家・研究者にお願いしたが、執筆だけでなく専門家ご本人に実際に出演していただき動画映像としてコンテンツ化した（図6）。利用者はテキストをじっくりゆっくり読むこともできるし、同じ情報を実際に執筆した先生の声と映像で

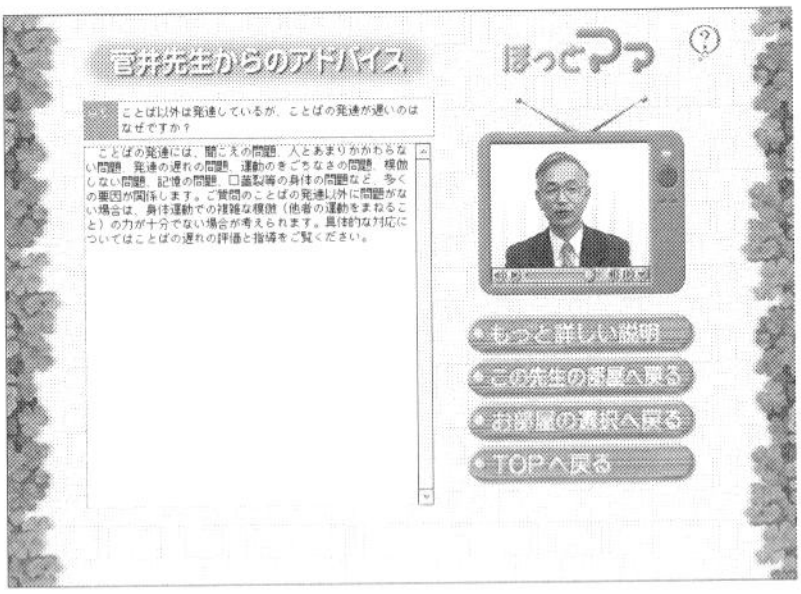

図6　専門家の顔が見えるカウンセリング

見ることもできる。多くの不安を抱えているユーザーにとって、「専門家の顔が見える」ということは大きな安心につながり、カウンセリングの効果も増すと考えた。

さらにレベル1では「みんなの広場」を設け、「研究室」や「おかあさんたちの文集」などを設けた。「研究室」では最先端の研究情報が、「おかあさんたちの文集」には先輩の母親が昔悩んだことやそれをどのように解決したかなどの文集が集められている。専門知識・最先端の研究状況・福祉情報・同じ悩みを持つ仲間の情報などさまざまな情報がそろってはじめて、有効なデータベースになると考えた。以上、レベル1では最先端のデジタルテクノロジーを活用しながら、できるだけ「人間に優しい」情報提供を実現したいと考えた。

レベル2では、レベル1のデータベースを活用して「コンピュータによるカウンセリング」を実現したいと考えたが、これについては後ほど紹介する。

レベル3は「テレビ電話カウンセリング」である。専門家がいる東北大学の研究室と仙台市内の繁華街に設置した2つの相談ブースをホットラインでつないだ。インターネット経由でカウンセリングを受ける日時を予約したうえで2つある相談ブースのうち都合の良いほうに行けば、テレビ電話を通して大学にいる専門家からカウンセリングを受けることができるというシステムである（図7）。相談室に行くまで時間がかかったり、大学までカウンセリングを受けに行くという心理的な負担を軽減できる。

さらにレベル4は、従来通りの実際に相談室に来ていただく「面接カウンセリング」を残した。どれほどテクノロジーが発展してもカウンセリングにとって最後は「人間対人間が大切」という考え方を、本システムでは尊重することとした。

図7　テレビ電話カウンセリング
（上：利用者側／下：カウンセラー側）

最先端のテクノロジーと「ほっとブース」

1999年当時のインターネットはまだまだ回線が細く、動画を配信するのは大変困難だった。そこで「ほっとママ」では、実験用端末を仙台駅前のファッションビルの中と街中にある仙台市福祉プラザに設置し、光ファイバーに匹敵する太い回線を用いて大学から配信するとともに、両者間にテレビ電話システムを導入した。さらに、閲覧に時間がかかることを前提として、インターネットでも同じ情報をすべて公開した。

仙台市内に設置した2つの「ほっとブース」は、このプロジェクトのシンボルになった。公共情報を提供する端末は、例えば銀行のATMのように簡単な「ついたて」があるだけという場合が多い。しかし、「ほっとブース」はおしゃれな木製のブースの中に端末が設置されている(図8)。この「ブース」は「安らぐ空間」をコンセプトに、岩手県遠野市に在住する組み木・工芸作家の菊池光典さんにその設計・制作をお願いした(遠野は「妖怪の里」でもある)。東北地方を産地とする60種類以上の木材を使用しており、塗料は子どもが舐めても大丈夫な植物性のものを使うという徹底ぶりで、エコロジーにもこだわったものである。

このブースは街中にあって人々の目を引くものであり、ひとつのオブジェとしても人気を集めたようである。またこのブースは、利用者が安らげる場での情報提供、そして個人情報を扱ううえでの機密性の保証という両面を満たすものとして高い評価を受けた。

さらに、ブース内にあるコンピュータの入力はタッチパネルを採用し、保守管理用のキーボードは利用者からは隠されている。最先端のデジタルテクノロジーを駆使しながら、利用者が接する場面では極力アナログな環境を作るように工夫した。

図8　ほっとブース
（上：仙台市情報産業プラザ
下：仙台市福祉プラザ）

バーチャルカウンセリングへの挑戦

ここで非常に深刻な問題として存在するのは、優秀なカウンセラーの不足である。どれほどテクノロジーを駆使してシステムを構築したところで、この「ほっとママ」にとって最も重要なのは「優秀なカウンセラー」である。そこでこのプロジェクトでは、ひとつのチャレンジとして「バーチャルカウンセリング（コンピュータによるカウンセリング）」をレベル２として設定することにした。このシステムが完成すれば、優秀なカウンセラー不足という問題が解決されるだけでなく、利用者はインターネットを通してどこからでも24時間カウンセリングを受けることが可能になる。また、携帯電話から相談するということなども現実的になる。

「バーチャルカウンセリング」の実現には、レベル１で制作した専門知識のデータベースと利用者から得られる情報を考慮し、利用者と適切なやりとりをする「人工知能」の開発が必要になる。そしてそのためには、優秀なカウンセラーが利用者からどのような情報を引き出し、どのように判断してアドバイスを行っているかの解明が必要になる。先行研究を調べてみると、過去に「イライザ ELIZA」というコンピュータ・プログラムがあることがわかった。

「イライザ」は、精神科医の立場から患者さんと対話することを目標として１９６０年代に開発されたプログラムである。ロジャーズ派の精神分析を参考に開発されたプログラムで、カウンセラーからは意見を言わず、相手の言った言葉を反復するような形で質問し会話を進めるようにプログラムされている。そして適切な返答ができないような場合には、「そのことについてもっと詳しく話してください」という決まり文句で返答するようになっている（藤野 2004）。

イライザは、当時のラジオ番組で紹介され大ヒットとなった。実際は非常に単純なやりとりしかできないのであるが、中には自分の悩みを本気で打ち明け相談する人も出てきた。つまり、利用者はラジオの向こうにいるイライザが本当のカウンセラーであると思い込んでしまったのだと言う。

私は、何とかしてこのような「バーチャルカウンセリング」のシステムを「ほっとママ」に組み込みたいと考えた。しかし実際には、時間がほとんどなかった。限られた時間で実現できることを検討した結果、私は次のようなひとつの簡単なコンテンツを短時間で作成することにした。

まず、対象は「子どもの発達」に関するカウンセリングとした。この分野は、本プロジェクトのチーム責任者である菅井邦明東北大学教育学部長（当時）の専門である。菅井先生は、「げんこつ山のたぬきさん。おっぱい飲んでねんねして…」という手遊びを子どもと一緒にすることにより子どもの発達を診断し、その結果に基づいてカウンセリング（発達相談）を行うことを専門としていた。利用者が「バーチャルカウンセリング」のサイトにアクセスするとバーチャルな菅井先生が出てきて挨拶し、カウンセリングの進め方を説明する。利用者はその説明に従いながら菅井先生のカウンセリングを受ければ、悩んでいることや困っている問題が解決する。

当初の計画では、菅井先生が「げんこつ山」をしている様子をビデオで撮影し活用することを考えていた。しかし、それでは新しさが感じられず面白くない。そこで思いついたのが、菅井先生の「げんこつ山」をモーションキャプチャによりコンピュータに取り込み、バーチャル菅井先生を登場させるというアイディアであった。

1999年秋、私は菅井先生と一緒に秋田県にあるわらび座デジタル・アート・ファクトリーのスタジオを訪れた。菅井先生のモーションキャプチャは順調に実施され、数ヵ月後私の手元には完成した「バーチャル菅井先生」が届けられた（図9、図10）（モーションキャプチャに関する詳細は「2・3」章を参照）。バーチャル菅井先生の指示に従い利用者が子どもの状態をコンピュータに入力してゆくと、最後には子どもの

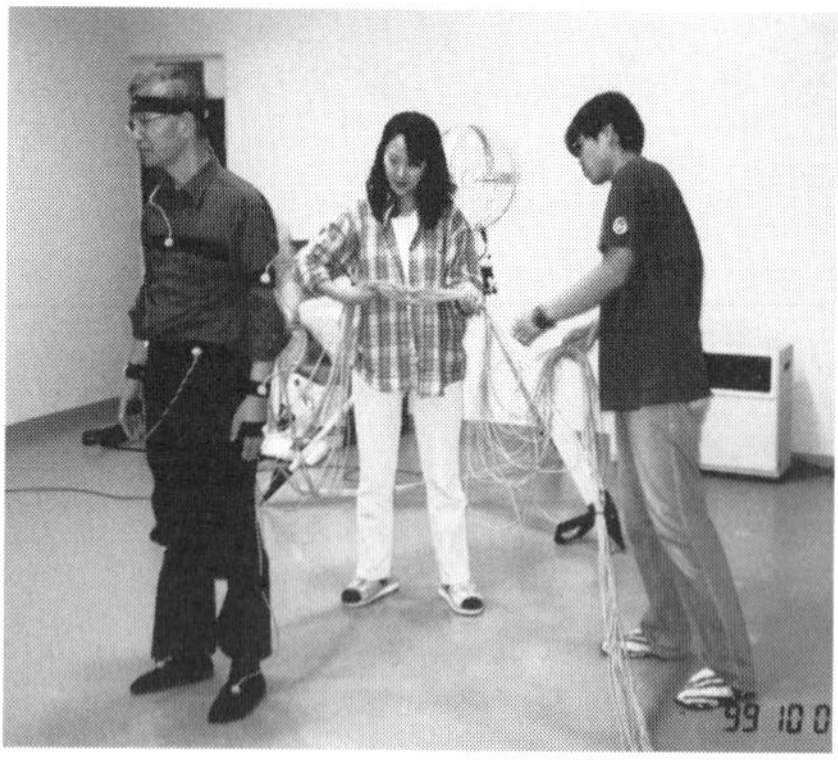

図9　モーションキャプチャの様子

図10　バーチャルカウンセリング

発達段階が示されると同時にいくつかのアドバイスがもらえるという簡単なものであったが、私たちは早速それを「ほっとママ」のシステムに組み込み公開を始めた。

「eカウンセリング」というシステムを構築してゆく過程で出会った「優秀なカウンセラー不足」という問題。そして、それを解決するための「バーチャルカウンセリング」の開発という研究テーマ。本プロジェクトで実現できた「バーチャルカウンセリング」は非常に簡単なものであったが、優秀なカウンセラーが持っている「カウンセリングの技術」をどのようにコンピュータでシミュレーションすればよいのかという「人間とデジタルテクノロジーの関係」という壮大な研究テーマが、私の前に浮き上がってきたのである。

このシステムは、2000年4月から2004年3月までの約4年間、実験的に運用された（最初の1年間は科学技術庁、その後の3年間は厚生労働省の支援を受けた）。インターネット経由でも、1年目は毎月平均して4万ページビュー（閲覧されたページ数）、2年目は毎月平均7万ページビューと活発に利用された。

レベル1の「専門知識データベース」の利用者からは「子どもの発達状態に疑問を持っていたがその答えが見つかった」「多くの情報があって心強かった」「他の障害に対する知識のデータベースも作成してほしい」「ここで公開されている情報をPTAの会合で配布したい」といった感想やコメントが得られた。

また、レベル3の「テレビ電話カウンセリング」の利用者からは「画像・音声ともクリアでよい」「画像と音声のずれがなくやりとりしやすい」「家庭や他の地域からも利用したい」といった意見が寄せられ、システムの必要性と有用性が確認された。

厚生労働省の資金で運営されていた第2期「eカウンセリング」プロジェクトが一応の実績を残すことができた2004年3月、私たちは本プロジェクトを終了した。

2・2　「東北大学インターネットスクール」プロジェクト

「eラーニング・バブル」の中で

2000年を過ぎた頃から「eラーニング」が盛んに話題にのぼるようになってきた。「eラーニング」とは、一言で言えば「インターネットを活用して学ぶこと」である。すでに「eラーニング」は、アメリカの大学が先行していた。日本の大学では、アメリカの大学に習い「追いつけ追い越せ」のかけ声のもと、急速な盛り上がりを見せていた。

この頃、私は先に紹介した「eカウンセリング」プロジェクトを軌道に乗せた頃だった。目に見える成果が現れ始め、マスコミでも大きく紹介していただいた。そのような実績が大学執行部の耳に入ったのだろう。2000年の秋、大学執行部から「東北大学にインターネットスクールを作りたいので協力してほしい」という指示が入った。

東北大学が「eラーニング」を開始することになったきっかけは、2000年8月、東北大学主催により開催された「21世紀の研究と教育に関する国際シンポジウムISRE2000」であった。このシンポジウムは、東北大学と国際交流協定を締結している世界31ヶ国143大学・研究機関から学長や学部長などが参加して開催された。このシンポジウムを終えるに当たって、東北大学は「東北大学宣言」を表明した。その宣言の中に「今後、世界の協定大学を中心とした国際交流をインターネットを利用した双方向遠隔授業により進めてゆく」ことが含まれていた。さらに「これら双方向遠隔授業の経験を生涯学習等に拡大・発展させることにより、東北大学が持つ高い水準の知識や先端的な技術を広く社会に公開して行く」という方向性が示された。

2000年の秋、東北大学インターネットスクール（Internet School of Tohoku University：ISTU）の設置に向けた準備ワーキンググループが設置され、開設に向けた検討が始まった。私も準備ワーキンググループの一員に加えていただき検討を始めたが、まさに「eラーニング・バブル」とも言えるほどの盛り上がりだった。準備ワーキンググループが出した目標は、今から思うととてつもなく大きいものであった。

・5年以内に東北大学大学院における講義の4割をネット配信する
・eラーニングだけで各研究科の修士号や博士号取得を可能にする

当初、2年後の2003年4月から「インターネットスクール」をスタートさせると決めたとき、私たち準備ワーキンググループのメンバーはみんな「インターネットスクール運営委員会」のような組織がボランタリィに（無報酬・自発的に）運営するというイメージを持っていた。そして、そのための控えめな予算を獲得するために概算要求の書類を作成した。文部科学省に提出したのが、年が明けた2001年のことである。

「東北大学インターネットスクール」開設前夜

その数ヵ月後、文部科学省との度重なる交渉の結果として出された結論は、「情報技術を活用した教育に関して研究・教育する独立大学院研究科を半年後の2002年4月開設する、というものであった（独立大学院とは、学部を持たない大学院研究科。旧帝大系の大学が「研究中心大学」と位置づけられ「大学院の充実」が大きな役割になったことに伴い独立大学院研究科が増えた）。アメリカからどっと押し寄せてきた「eラーニング・バブル」の盛り上がりが、単なる「インターネットスクール運営委員会」のような組織ではなく、正式なひとつの「大学院研究科」の設置という案に成長し、その開設時期も予定より1年前倒しという結論をもたらした。まさに「バブル」である。

当初予定していた開設が1年前倒しの「2002年4月開設」になったことにより、準備期間は6ヵ月となった。それからがまた、大変であった。準備ワーキンググループや事務局のメンバーの誰しもがその準備に追われ、パニック寸前の状態だった。夜10時頃、居酒屋で飲んでいるときに携帯電話に連絡があり、そのまま大学に直行したことも何度かあった（その頃、私は大学の携帯電話を持たされていた）。

新しく設置される「大学院教育情報学研究部・教育部」は、学部を持たないいわゆる独立大学院研究科であるが、研究と教育を明確に区別するという当時の文部科学省の方針により、教員組織である「教育情報学研究部」と学生が所属する「教育情報学教育部」とが区別して設置された。その新しい人事のための準備もあった（教授4名、准教授4名、助手1名。後に助手は3名に増員された）。また私自身も、当時所属していた教育学研究科から新しくできる「大学院教育情報学研究部」に移るか移らないかで悩んでいた。

さらに、大学院の学生募集（初年度は修士課程の12名、2年後からは博士課程5名も加わる）と入試の準備もある。教育情報学教育部では、教育現場（学校、教育産業など）においてコンピュータやインターネットなどの情報技術を駆使しながら「教育」そのものをより効果的に実施してゆく能力の獲得を目的としている。単に情報技術を習得するだけでなく情報社会における「教育」のあり方を深く検討することにより、21世紀の教育を導くリーダーとしての資質を身に着けることを最大の目標とする。この目標を達成するためのカリキュラムの作成も急遽行われた。

２００２年４月、東北大学大学院教育情報学研究部・教育部がスタートした。結局私は、ぎりぎりになって「教育情報学研究部」に移ることを決心した。

同時に、「東北大学インターネットスクール：ＩＳＴＵ」もスタートした。ＩＳＴＵの実施母体は各研究科であり、それを研究・支援するのが教育情報学研究部の中に設置された「ＩＳＴＵ支援室」である。

「eラーニング・バブル」の状況

ここで少し、「ｅラーニング・バブル」の背景について振り返っておく。

コンピュータの誕生は1940年代であるが、初めの頃は「メインフレーム」と呼ばれるように大企業や大学などの研究機関のみが高価なコンピュータを所有し運用していた。しかし1980年代になり、コンピュータの小型化・低価格化が一挙に進み、いわゆる「パーソナルコンピュータ（略して「パソコン」）」が私たちの日常生活にも浸透してきた。それに伴いアメリカの教育現場では、CAI（Computer Aided Instruction）と呼ばれる「コンピュータ支援教育」も流行し始めた。しかし日本では、小中学校の「パソコン好きの先生」が初歩的な「コンピュータ支援教育」を1980年代から草の根運動的に実施していただけであった。

そのような「コンピュータ支援教育」が一挙に発展したのは、1990年代半ばのインターネットの普及によってである。特に、2000年、それまでの「コンピュータ支援教育」とインターネット活用が結びつくと「eラーニング」という概念が一挙に花開くことになる。特に、日本にいる私たちが初めて「eラーニング」という概念を意識したのは、2001年にマサチューセッツ工科大学（MIT）が「自校の約1800の講義で使われている教材のすべてをウェブ上で無料公開する」という「オープンコースウェア（OCW）」プロジェクトを立ち上げたというニュースを知ったときであろう。このプロジェクトは、メロン財団とヒューレット財団からあわせて約11億円の資金援助を受けると言う。このニュースはアメリカ国内のみならず、世界中に衝撃を与えた。東北大学もこのことを意識せざるを得なかったが、先に紹介したように文部科学省にとっても大きな事件だったに違いない。

「東北大学インターネットスクール：ISTU」のその後に関しては以下に紹介してゆくが、MITから始まったオープンコースウェアは2005年にオープンコースウェア・コンソーシアムが立ち上げられ、全世界規模での展開が本格的に開始された。日本でも2006年、「日本オープンコースウェア・コンソーシアム」が設立された（参加校：大阪大学、京都大学、慶應義塾大学、東京工業大学、東京大学、早稲田大学など）。当然、東北大学にも参加の声がかかったが、検討の結果「日本オープンコースウェア・コンソーシアム」には入らず、東北大学で「独自路線」をとることになった。

ちなみに、東北大学と同じ時期（2002年4月）から「eラーニング」を開始した大学としては、玉川大学（2001年4月開始）、東京大学、青山学院大学、佐賀大学などがある。

「インターネットスクール」の実際と現在

さて、いよいよ東北大学大学院教育情報学研究部・教育部がスタートし、同時に「東北大学インターネットスクール：ISTU」が始まった。準備ワーキンググループにおいて「5年後には大学院における講義の4割をネット配信する」という理想を語っているときにはワクワクしていたこの計画も、実際に作業を始めだすとその無謀さに気づき始めてきた。「大学院における講義の4割」というのは、実数にすると1日に100を超える講義をネットで配信することになる。いったい誰がどうやって配信するのか？ その頃私たちは、新しく入学してきた大学院生に対する講義や大学院運営に関する業務だけで四苦八苦していた。

例えば、ISTUに関してまず最初に発生した問題は「受講生として誰を対象とするか？」という最も本質的なものであった。準備ワーキンググループでは「海外を含め学外の大学院レベルの社会人」を受講生として考えていた。つまり「学内の学生には配信しない」と決めていた。なぜならば、「学内の学生にはきちんと教室で行われる講義に出席させる」という考え方があったからだ。

ところが、実際に最も積極的に利用していただけると想定していた工学研究科との話し合いを行うと「学内の学生にも配信したい」という意見が多数をしめた。逆に「海外を含め学外の大学院レベルの社会人」に対する配信のニーズは少ないことがわかった。そこで私たちは急遽方針転換を行い、ニーズの多い学内の学生を第1の対象者にすることを決めた。これは想定外の変更であったが、当初の「大学院生のみを対象とし学部生には配信しない」という基本方針には同意を得られた。つまり、対面により丁寧な指導が必要な学部生は「eラーニング」の対象にせず、時間の余裕がない社会人大学院生を対象の中心にするという方針でスタートした（図11、図12）。しかし、この基本方針も徐々に崩れてゆき、現在は東北大学すべての学生・院生が対象になっている。

さて、このように波瀾のスタートとなったISTUであったが、開設してから8年を経過した2009年2月末の時点で、各研究科の正規講義（正式に履修登録した学生のみ受講可能）のうち100科目以上がISTUにより配信されており、東北大学の正規学生や科目等履修生が毎月2000から3000回受講している。正規講義配信のほか、自由に閲覧可能な「特別講義」に対しては、毎月平均1000から2000回のアクセスがある。この「特別講義」は、各研究科が主催して行われたセミナーなどの中から無料で一般公開が許可されたものを配信している。

さらに、正規講義や特別講義の配信のほか、授業のシラバス、予習教材、復習・発展教材、レポート提出・採点、討論用掲示板、連絡用掲示板などのさまざまな教育サポート機能を提供してきた。

開設当初に中心となっていた工学研究科の配信はその後、特定の講義配信にとどまっている。しかし２００８年度、医学系研究科が１００パーセントの講義配信を宣言し、まもなくそれが実現しようとしている。医学系研究科では日中、病院実習などが忙しく、いつでもどこでも受講可能なｅラーニングはまさにニーズにあった学習形態なのである。

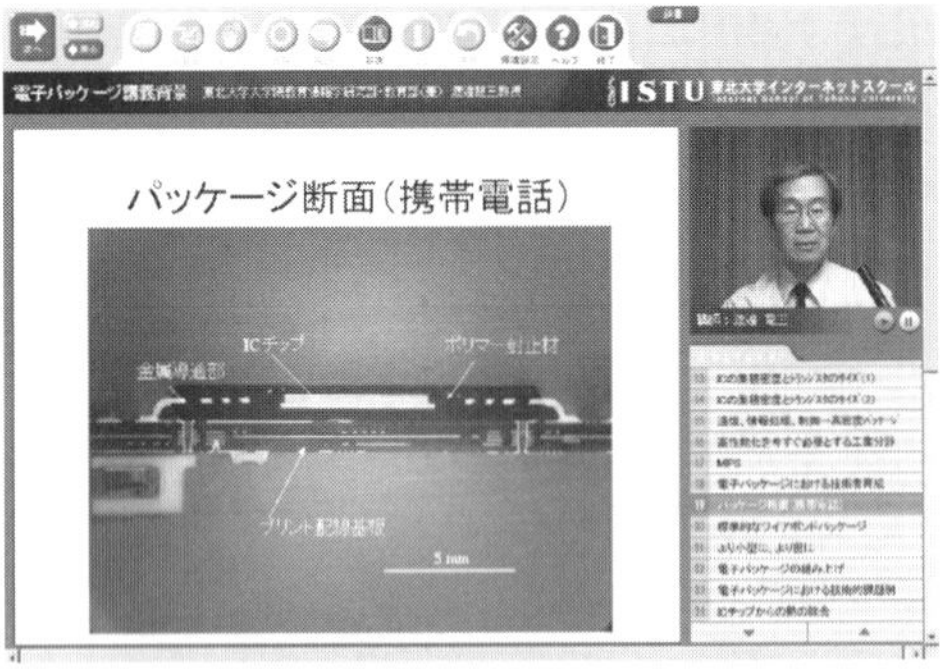

図 11　ＩＳＴＵ画面の一例

図 12　ＩＳＴＵスタジオ（広報用のＣＧ）

「インターネットスクール」の発展

東北大学インターネットスクールは、約10年の間に「eラーニング」のみの活用から「ブレンデット・ラーニング（ハイブリッド・ラーニング）」に学習の形態を変化させてきた。つまり、多くの講義で「eラーニング」と対面講義を併用して活用するようになっている。例えば、対面講義は普通に行い予習や復習をeラーニングで行うというスタイル、基本的な知識の獲得はeラーニングで行い講義ではディスカッションを中心にするというスタイル、最後の回にテストやスクーリングのために大学にきてもらうが基本的にはeラーニングで学習してもらうというスタイル、さらにはどうしても避けられない会議や出張があるときに休講にはせず事前に収録したコンテンツを使ってeラーニングさせるというスタイルなどさまざまである。

私たち教育情報学研究部の支援体制は、数名の教員が研究教育を中心業務としてこなしながらボランティアで運営しているほか、非常勤事務員を一人雇用している。

教育情報学研究部とISTUの関係で最も大きな出来事は、2009年度に教育情報学研究部から技術的な業務が切り離されたということだろう。2009年4月、東北大学における教育関連情報システムを一元的に管理運用する「教育情報基盤センター」が設置され、ISTUのシステム管理とネットワーク管理が「教育情報基盤センター」に移管された。それに伴い教育情報学研究部のISTUに関する業務は「eラーニング」に関する研究的な支援およびコンテンツ作成支援になった。ちなみに、8年が経過し老朽化が懸念されていたＩＳＴＵのシステムは、教育情報基盤センターのリーダーシップにより２０１１年度から新システムに完全移行した。

技術的なことを少し紹介しておけば、２０１０年度以降の映像は、コンピュータの環境に左右されることなく視聴することができる「ＦＬＡＳＨビデオ」の形式に変換され配信されている。また、２００２年のスタート当初は授業の動画コンテンツを制作するのに数時間かかっていたが、現在ではより短時間でコンテンツを制作できるシステムが用意された。

さらに２０１０年度からは、「ハイビジョンカメラを使用した全自動授業収録システム」も開発・導入が進んでいる。これは、コンピュータに授業の時間割情報を入力しておき、そのコンピュータにより教室に設置されているハイビジョンカメラとマイクを自動的にオン・オフし、そこで収録された映像をネット上に配信するというシステムである。ちなみに、私もこのシステムを活用し講義のすべてを自動配信している（正式に登録した学生にのみ配信される）。

ＩＳＴＵプロジェクトは、私に何をもたらしたか

私にとってとてつもなく大きなプロジェクトとなった「東北大学インターネットスクール：ＩＳＴＵ」であったが、この経験は私に何をもたらしたのだろうか？

第１に、「人間研究者」というアイデンティティの確立である。「ＩＳＴＵ支援室」のスタッフ、つまり大学院教育情報学研究部のスタッフは、情報工学を専門とするスタッフと教育学・認知科学を専門とする

スタッフから構成されている。大変興味深いことであるが、これらの専門の違いは予想以上に意見の対立を生んだ。例えば、ISTUシステムに関する意見は両者で大きく異っていた。情報工学を専門とするスタッフは、どのようなニーズにも対応可能な多機能・高性能なシステムを主張した。それに対し教育学・認知科学を専門とするスタッフは、「誰でも簡単に使えるシンプルなシステム」を主張した。まさに「コンピュータを中心に据えて考えるか、人間を中心に据えて考えるか」の対立である。結局、システム構築に関しては情報工学の専門家に任せるしかなく、多機能・高性能なシステムが実現している。このように、私にとって情報工学の専門家と日々一緒に作業をするという経験は、私自身の「人間」に関する専門家としてのアイデンティティ確立に大きく貢献している。

私にとってISTUプロジェクトがもたらした第2の大きな収穫は、「学びのリアリティ」をじっくりと考えるチャンスが得られたということである。私が広報のため学内の先生方にISTUの説明をすると、必ずと言ってよいほど次のような質問が返ってくる。

「eラーニングが便利なのはわかるけど、インターネットで本当に効果的な学習が可能なの?」

このようなおきまりの質問に対して、私も用意されたeラーニングのメリットを説明した。

「確かに、リアルのほうが良いに決まっています。しかし、さまざまな事情で教室にこられない人たちが実際には存在します。昼間忙しく働いているビジネスマン、子育てに忙しいお母さん、都会へは気軽に通えない地域に住んでいる多くの人々、そして高齢者や障害者。彼らは、本当は教室で講義を受けたいはずです。しかし、それぞれの事情があり、どうしてもそれが不可能。そのような人だからこそ、コンピュータとインターネットという便利な「道具」を使って学習の機会を持つことが大切なのです。テクノロジーという文明の利器が利用可能になったその恩恵として、彼らは学習のチャンスを得ることができるようになったのです。そして、今後さらにテクノロジーが発展すれば、フェイス・ツウ・フェイスでの講義よりもさらに効果的なeラーニングが実現するようになるでしょう。」

皆いったん、このことに納得した様子を見せる。しかし、また次の瞬間には次のように反論する。

「でもやっぱり、顔と顔をつきあわせての講義のほうがずっと効果があると思うよ。」

このような会話を何度も繰り返しながら、私は「学びのリアリティ」ということを考えていた。教室という場の雰囲気、先生の生《なま》の声、周りの仲間のささやき、そしてしばしば起こる予想外のハプニング。

基本的に私の立場は、「その状況の中に我が身を置いてこそ本当の学びが成立する」という認知科学における状況的学習論である。したがって、確かに「対面講義のほうが良い」という気持ちはあるのだが、一方で「何とかして最先端のデジタルテクノロジーを駆使してリアリティのある学びを創出したい」という気持ちもこのプロジェクトを通して持っていた。同時に「デジタルで〝学びのリアリティ〟はどこまで伝えることができるのだろうか?」ということも探求したい。

つまり、何とかして「デジタル」を超えた「超デジタル」という考え方を活かした「学び」の方法を見つけ出したいという気持ちで、このプロジェクトに関わってきたのである。

2・3 「伝統芸能デジタル化」プロジェクト

プロジェクトにおける2つの目的

現在、日本の「わざ」は危機的状況にある。日本舞踊や邦楽など伝統芸能の「わざ」、地域に伝わる民俗芸能の「わざ」、そして宮大工や旋盤工など職人の「わざ」などなど…。名人と呼ばれる師匠の多くは現在、かなりの高齢になっている。しかし、社会の変化や少子化の影響で、それらの「わざ」を継承しようとしている若者の数は決して多くない。このままでは、その「わざ」自体が消滅してしまう危険性すらある。

一方、テクノロジーの発展に伴いコンピュータの性能が飛躍的に上がってきた。コンピュータは、1940年代に誕生してから進化し続け、現在では文章や写真だけでなく動画や3次元のコンピュータグラフィックス（3DCG）も手軽に扱えるようになっている。

最先端のテクノロジーを活用すれば、日本の「わざ」を後世に残すことができるのではないか？

「伝統芸能デジタル化」プロジェクトの第1の目的は、このようにとてもわかりやすいものであった。しかし私には、もうひとつより重要な目的があった。それは、伝統芸能というアナログな世界に最先端のデジタルテクノロジーをあえて持ち込んだときそこに何が見えてくるのか、そのことを明らかにしたいという目的である。

これまで、弟子が長い時間を師匠とともに過ごし、その「わざ」を盗むことによって伝承されてきた日本の「わざ」。このような「わざ」の伝承というとてもアナログな世界を、私たちは今コンピュータというデジタルの道具を使って支援しようとしている。そのとき、何が立ち現れてくるのか？

日本の「わざ」は、本当にデジタルで表現し伝えることができるのだろうか？
デジタル化することで、何か本質的なものが抜け落ちてしまうのではないか？
「わざ」の何がデジタル化可能で、何が不可能なのか？
もし、デジタル化が可能だとしたならば、そのときのポイントは何か？
そして、単に「保存」のためのデジタル活用ではなく、継承（教育）の支援にデジタルを活用したとき、何が見えてくるのか？

それらのことを、私は探求したいと考えていた。

子どもたちに受け継がれる300年の伝統

八戸法霊神楽《はちのへほうりょうかぐら》は、青森県八戸市本八戸駅近くに位置するおがみ神社[注8]で昔から受け継がれてきた山伏系統の神楽である。古くは、享保6年（1721年）に豊作の願いを込めて舞を演じたという記録も残っている。第二次世界大戦後、農村の荒廃によって後継者が減少し伝承の危機に直面した。そこで、氏子たちが地元の青年を中心に呼びかけて神社直属の神楽を結成した。八戸周辺に住む優れた神楽の師匠を招き習得に努め、徐々に法霊神楽として整った形になっていった。その後今日まで、地域社会の神仏信仰と深い関わりを持ちながら伝承されてきた。1986年には、青森県の無形民俗文化財にも指定されている。

演目には、権現舞《ごんげんまい》や山の神舞などのほか、曲技的な杵舞《きねまい》や剣舞《つるぎまい》などがあり、毎年5月の「神楽祭」や8月の「八戸三社大祭」などで披露される（図13、図14）。特に、八戸三社大祭の神輿徒御《みこしとぎょ》の行列で行われる多数の獅子頭による一斉歯打ちは、毎年多くの見物客を魅了している。

さて、このような八戸法霊神楽は、子どもたちに対しその伝統を継承してゆこうと熱心である。特に、神楽士会の会長を務める松本徹さんは、若い頃に東京の大学を卒業し都会で数年会社勤めをした後八戸に戻ってきたこともあり、郷土の伝統芸能に対しては並々ならぬ愛着を持っている。

子どもたちに対する稽古は週に1回、おがみ神社で行っている（図15）。子どもたちは学校が終わった後食事を済ませ、三々五々神社に集まってくる。7時になり指導者である松本さんが到着すると、一同祭壇の前に正座し柏手を打って拝礼を行う。

その後、稽古に入るが、例えば「権現舞」の稽古については、まず祭壇横にある獅子頭を備えてある棚からその日自分が使用する獅子頭に対し頭を下げた後丁寧に棚から取り出す。そして、指導者の打つ太鼓、笛に合わせて、あるいは「ドンスコドドスコドン…」というような口拍子に合わせて稽古を行う。そして夜8時30分、稽古終了となる。

稽古が終わった後も、すぐに解散とはならない。まず、自分が使用した獅子頭の片付けをする。その後、祭壇の前で指導者を最前列にして、全員が本日の稽古終了の報告とお礼を込めて柏手を打って拝礼してか

図13　神楽祭

図14　八戸三社大祭の一斉歯打ち

図15　稽古の様子

ら解散となる。このように、稽古を始める前と後の「儀式」をとても重視するのである。

松本さんは、次のように言う。

「神楽では、神様に対してはもちろんですが、お父さんやお母さん、そして目上の人に対する敬意の心を大切にしてほしいと思っています。だから挨拶はきちっとするように、子どもたちにはいつも言っています。」

八戸法霊神楽のモーションキャプチャ

2005年秋、私は八戸法霊神楽をモーションキャプチャを活用してデジタル化するという試みを行った。モーションキャプチャをお願いしたのは、八戸法霊神楽の松川由雄師匠と松本徹さんである。松川師匠は、昭和6年生れの74歳（モーションキャプチャ収録時）。八戸法霊神楽の中でも、江刺家手と呼ばれるグループに属する。昭和23年、17歳のときに神楽を習い始めた。若い頃は神楽を本業とし、暇なときに漁師などをして生計を立ててきたと言う（昔は「門付け」により生活することが可能だったと言う）。

松本さんは40歳（モーションキャプチャ収録時）で現在、八戸法霊神楽士会の会長を務める。中山手というグループに属するが、広く八戸法霊神楽を保存・普及するために江刺家手の舞もマスターしている。東京の大学を出てしばらく東京で働いた後八戸に戻り家業の土建業を手伝っているが、生活の中心は神楽の保存と普及にあると言う。

モーションキャプチャは、秋田県たざわこ芸術村にあるわらび座デジタル・アート・ファクトリーにお願いした。[注9] モーションキャプチャのスタジオには、磁界発生装置（トランスミッタ）と呼ばれる四角い箱が2つ、5メートルほど離しておかれている。この磁界発生装置により、スタジオに磁界ができる。ひとつの磁界発生装置でも計測は可能だが、計測エリアを広くとるために2つ使用している。また、被験者の関節間に11個の磁気センサーをつける。スタジオにできた磁界と磁気センサーが反応し、誘導電流がセンサー内に生じる。その情報が背中に背負った送信機からコンピュータに無線で送られる。コンピュータはその情報を解析し、各々のセンサーについて磁界における位置と回転情報を取り出すことができる。これで、モーションキャプチャのデータ収録が可能になる。

次に、編集作業を行う。収録で得られたデータは簡単な身体モデルに貼り付けられ、その動きを見ながら細かな調整がなされる。この作業は手作業となるため、大変な作業量と経験によって培われた技術が必要になる。動きが完全に確認されたところで、別に制作したCGキャラクタにモーションキャプチャのデータを流し込めば、そのCGキャラクタはリアルに動きだし完成となる。

モーションキャプチャの実際

モーションキャプチャが始まった。最初は、キャリブレーションを行う。「気をつけ」の姿勢から両手を横に水平に開き、このときのセンサーの位置を基準値としてコンピュータに設定する。キャリブレーションはモーションキャプチャ終了直後にも行い、測定値のずれがないかを確認する。

最初に、松本さんに踊ってもらう予定だった。高齢の松川師匠に対する気遣いからであった。しかし、松川師匠が「俺が先に踊る」と自ら申し出てくださり、松川師匠から始めることになった。松川師匠の舞は順調に進んだ。スタジオという松川師匠にとっては異空間であり、また背中には重い送信機とバッテリーを背負っていたが、松川師匠の舞はいつもと変わらないように私には見えた。やはり、これが名人というものなのだろう。お囃子はなかったが、松川師匠は何の不都合もないように無言で踊っていた（図16）。

続いて、松本さんが踊る。松本さんは松川師匠とは違い、大きな声で口拍子をとりながら踊る。身体中から汗が飛び散る。汗のためしばしばセンサーがはずれ、何度かセンサーをつけ直すという作業が入った。

松本さんが権現舞をモーションキャプチャするとき、私にとってとても興味深いエピソードがあった。権現舞に使う権現様（獅子頭）を、松本さんは2つ用意していた。大きく重い権現様と小さく軽い権現様である。松川師匠は軽い権現様を使って権現舞を踊っていた。松川師匠は、松本さんも軽い権現様を使って踊ることを勧めた。しかし、松本さんはこれを断固として拒否した。「軽い権現様と重い権現様があるが、やはり全然違います。私は重いほうの権現様で踊ります」ときっぱりと言った。

後に、このことについて共同研究者の川口陽徳（当時、東京大学大学院教育学研究科博士課程）が面白い疑問を発した。

「重いものを持って動かすとき、ものに引っ張られて手が動くことがある。また、軽いものの場合、ものを押すように手を動かすことがある。手にセンサーをつければ、手の動きは共に、例えばA地点からB地点への移動として記録されるのではないか。そうした場合、その手の動きの変化の意味を捉えきれないのでは？」

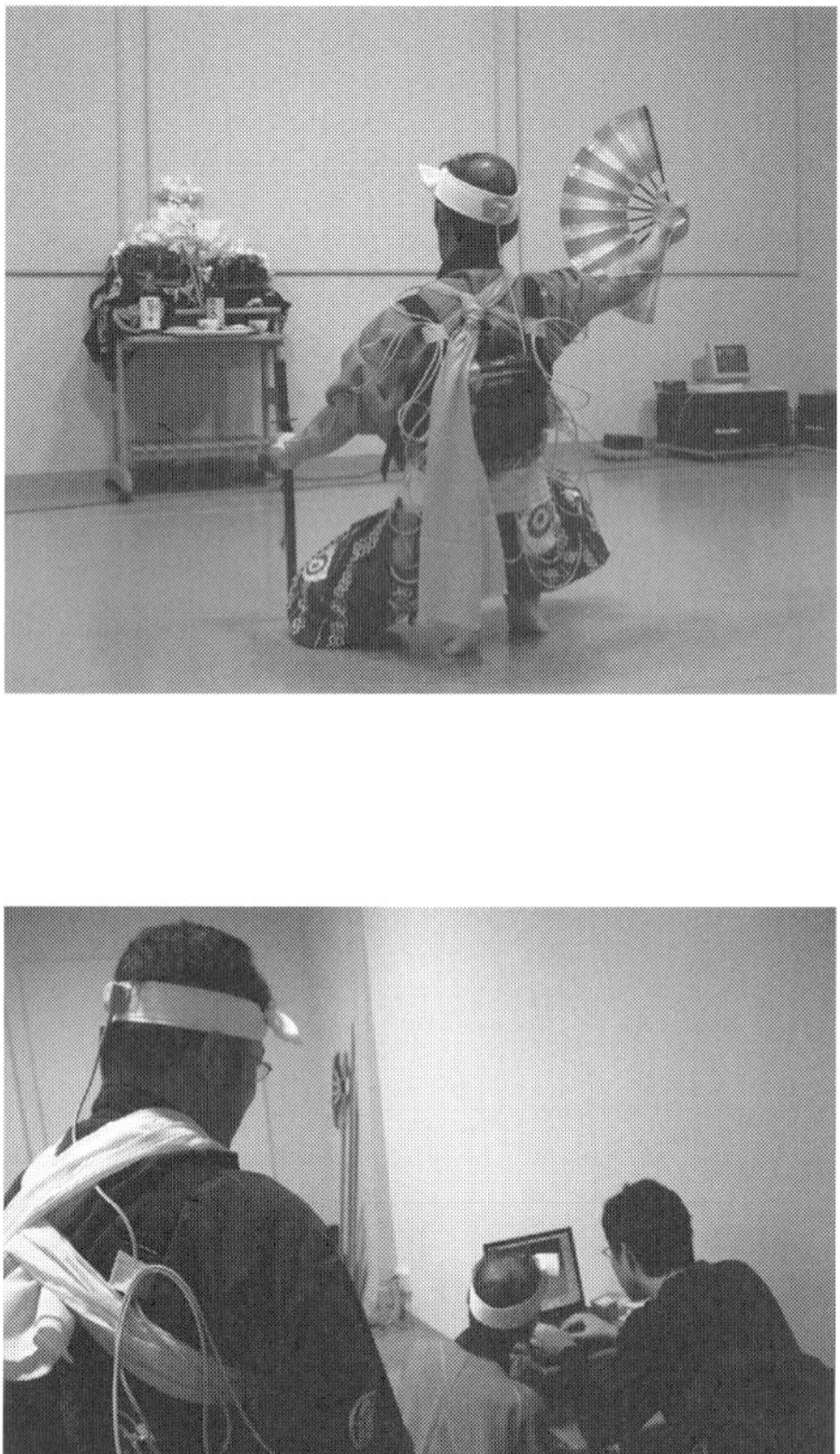

図16　モーションキャプチャの様子

それに対し、わらび座の長瀬さんは次のように回答する。

「手だけで見れば、確かに〝A地点からB地点への移動〟として記録されるだろう。しかし、重いものに引っ張られて動いているときと軽いものを動かしているときの違いは、全身の動きの変化として記録される。重いものに引っ張られているときは、腰が残っている。軽いものを動かすときは、腰が前に出ている。だから、全身のセンサーの記録をもとに考えれば、その違いもまたデジタルで把握することが可能になります。」

身体の動きというものは、なかなか奥が深いのである。

一通り予定の演目を踊り終えた後、松本さんに「悪い例」を踊ってもらうことにした。神楽を習い始めたばかりの子どもたちが陥りやすい悪い例を、2つ踊ってもらった。権現舞と剣舞の2つで、それぞれ手には権現様(獅子頭)と剣を持っている。どちらの舞も本来は頭の上に両手を高くかかげて踊らなければならないが、初心者は手の位置が下がり自分の目の前で権現様や剣を動かしてしまう傾向がある。この悪い例をモーションキャプチャでとり、初心者に教えるときに利用したいというのが松本さんの希望であった。

結局、モーションキャプチャには3時間あまりかかった。これで、松川師匠と松本さんの「動き」のデータを後世に残すことができる。モーションキャプチャのすばらしさ、デジタルの偉大さを実感した一日であった。

完成したデジタル教材

完成したDVDは、非常にすばらしいものだった。まず最初に、「お手本用」として背景のついた「CG動画映像」が2つ収録されているが、これは伝統芸能の保存用としても立派なものである(図17)。これは、松川師匠をモデルとして作成した3DCGキャラクタに、モーションキャプチャのデータを貼り付けたものである。本物の松川師匠が踊っている様子をビデオ撮影したものかと見間違えるほどの、非常にリアルな出来である。このDVDには、データ容量の関係から一方向からのCG動画のみが収納されている。しかし、コンピュータ上では360度、どの方向からでも舞を見ることが可能である（例えば、後ろから、あるいは真上からの視点が継承支援には有効と考えられる）。

さらにこのDVDには、「伝統継承のためのデジタル教材」を9パターン収録してある。これは、師匠（あるいは教師）が子どもたちに伝統芸能を教えるときに用いることを想定して制作したものである。普段は権現様（獅子頭）の中に隠れて見ることのできない手の動きが、CG動画によってはっきりと見て取れる。右下には、小さな画面で実写映像が表示される（図18）。また、松本さんが指摘していた、頭上に権現様を持ち上げるとき子どもたちは手がだんだん下がってくるという「悪い例」もわかりやすく表現されている。

松川師匠、松本さんとも、第一印象は好評であった。松川師匠は何度も「すばらしいなあ」と繰り返し、「たいしたもんだ」「良くとれてるもんだな。すごいもんだな」と満足した様子だった。神楽士のメンバーも「すごい再現性。ちょっとした頭の傾きも出ている」と感心した様子だった（図19）。以下、神楽士の皆さんのコメントをまとめてみよう。

まず第1に、デジタル化の特徴として「継承を考える際、若い人たちが取っつきやすい」という点があげられる。松本さんは「仕上がりがすばらしい。子どもたちは使いたがるのではないだろうか」と評価する。神楽士会副会長の富岡朋尚さんも「CGはかっこよい。ゲームみたいだ」と言う。確かに、コンピュータ・ゲームになれている現代の子どもたちが神楽への第一歩を踏み入れるのには良いかもしれない。また、「CG化することによって宗教色が少なくなる（松本さん）」という点も、取っつきやすい要因になる。松本さんによれば、子どもたちが神楽を始めるきっかけは宗教的な意味や「伝統を守る」というよりは、単純に「かっこ良いから」だと言う。特に、町中を歯打ちしながらねり歩く三社大祭が子どもたちには人気が高いと言う。

デジタル化の第2の特徴として、「情報が削れる」「伝わる情報の量が減少する」という点があげられる。これは、メリットにもなれば、デメリットにもなる。メリットとしては、舞手が自分の舞の特徴を客観的

図17　ＣＧで再現された神楽

図18　神楽継承のためのデジタル教材

図19　完成したＣＧをみんなで見る

に把握することが容易になるという点があげられる。松本さんによれば、「実際は荒々しいがＣＧではスムーズになりわかりやすい」と言う。モーションキャプチャによって細かな動きが削除されているので、わかりやすくなるのだろう。また、「権現様の幕の中の動きが見えて良い（富岡さん）」というコメントもあった。普段は衣装に隠れて見ることができない身体の動きが、センサーを身体に直接つけるモーションキャプチャでは明らかになる。これも「衣装の動き」をひとつの情報と考えれば、「情報が削れる」ことのメリットになるだろう。さらに、足だけ、あるいは手にだけ着目し、身体の他の部分を隠して表示することができるというデジタルの特徴も、大きなメリットになる。

しかし、情報量の減少はデメリットにもなる。「何となくライブ感がない。迫力に欠ける（松本さん・富岡さん）」「衣服の動きが躍動感につながるが、ＣＧではそれがないため迫力に欠ける（松本さん）」「ＣＧには〝あや〟がない（松本さん）」など、この点に関しては多くのコメントが得られた。

さらに、「情報量が減少する」ということは「ネット上に公開したり、さまざまな処理、あるいは加工がしやすい」というメリットもある。これらのメリットは、伝統芸能の継承、そのための人集め、あるいは他の芸能との比較などを行う際に効果を発揮する。

完成したCGはとてもすばらしいものであり、伝統芸能の継承にも大いに役立つと感じられた。しかし実は、私にとってさらに興味深かったのは、今回のモーションキャプチャを実施することによって「デジタルでは伝えることができないもの」が浮き上がってきたということであった。このことについては、次の「師匠の思いデジタル化」プロジェクトに引き継がれることになった。

2・4 「師匠の思いデジタル化」プロジェクト

継承の「場」をデジタル化する

「伝統芸能デジタル化」プロジェクトでは、モーションキャプチャを活用することにより八戸法霊神楽の継承支援を試みた。私は当初、師匠の舞をモーションキャプチャしCG化することによって正確に、そして効率よく伝統継承の支援ができると考えていた。そして、それは予想以上にうまく言った。

しかしその後、何度も神楽の稽古に参加させていただき、何度も松川師匠や松本さんとお酒を酌み交わし、そして毎年、神楽祭にお誘いいただく中で、私は「神楽は舞だけで語れるものではない」ということを実感するようになる。神楽は「舞の形」だけで成り立っているわけではなく、地域の風土や人々の暮らし、そして神様を信じる気持ちも深く関わっているのである。春祈祷（八戸の街中を門付けして歩く）、神楽祭、三社大祭…地域の中で地域の人々と共に、家内安全、五穀豊穣、商売繁盛を祈願し病気などの災いを除去するために神楽を舞う。

確かに、舞の一つひとつの動作を正確に記録することは、モーションキャプチャの得意とするところである。しかし、ただ記録・保存するだけでなく「神楽」そのものの継承を支援しようと考えたとき、単に舞の動作に着目するだけでは不十分である。舞の動作だけの継承では、師匠や神楽士の「思い」や気持ちが後世に伝わらない。実際、長い年月を通して師匠から弟子へと伝えられてきたのは、伝統芸能に関わる人々の「思い」や気持ちだと師匠は語っている。「師匠の思いデジタル化」プロジェクトでは、師匠の舞う神楽殿、その神楽殿がある神社の境内、そして神楽が盛んだった江戸時代末期の八戸の町をCGで再現した。そうすることによって初めて舞のCGはリアリティを持つ、と考えたからである。

例えば、私がCGで再現しようとしていた「神楽」のイメージは、次のようなものであった。

・鳥居をくぐると本殿からお囃子の音が聞こえてきて、何となくワクワク期待がふくらむ。神楽殿に近づくにつれて、お囃子の音はだんだん大きくなってくる。

・昼過ぎから始まった神楽祭、夕方になってだんだん暗くなるとかがり火に灯がともる。日が暮れかかった薄暗さ、かがり火がともり、その炎を見ていると何となく「聖」的な雰囲気が感じられる。

・そのうち周りは真っ暗になり、神楽殿の裸電球やかがり火の炎の揺らめきだけが舞を照らす。振る舞われる御神酒を少し飲み過ぎてふらふらしながら神楽を見学した。

・神楽祭は5月、三社大祭は8月であるが、稽古は一年中行われる。私も春夏秋冬、稽古を見学させていただいた。それぞれの季節で神楽の雰囲気も大きく変わる。

たぶんこれらのイメージは、師匠や神楽士さんたちとの時間をかけたお付き合いの中で、私に「しみ込んで」来たものなのだろう。彼らの「何とかして神楽を後世に伝えたい」「昔、自分が師匠から習ったことをできるだけたくさん子どもたちに伝えたい」などさまざまな「思い」や気持ちが、私にも少しずつしみ込んでいた。

これらを何とかしてデジタルで表現できないか？　もし表現できたとしたならば、きっと神楽の継承にも役立つはずだ。

このような思いを持って私は、師匠や神楽士たちの「思い」をデジタル化しようと新たなプロジェクトを開始した。

バーチャル神楽殿の制作

まず、私たちが取りかかったのは、神楽の稽古が行われているおがみ神社の本殿、そして神楽祭に舞を公開する神楽殿をCGで再現することであった。少し調べてみて気づいたのだが、私たちがやろうとしていることは、建築学でよく使われているCADという作業にとても近いことだった。

私は、佐藤克美（当時、大学院博士課程）に沼倉弘幸（当時、大学院修士課程）を加えプロジェクトを開始した。沼倉は、このテーマで修士論文を執筆することに決めた（沼倉 2010）。建築に関して、私たちは当初まったくの素人だったので、まずこの分野に詳しい方に話をお聞きすることから始めた。上谷彊輔先生（青森大学ソフトウェア情報学部教授）やＣＡＤを専門に扱っている業者さんなどにアドバイスをもらうことから、私たちは作業を開始した。また、八戸市教育委員会の文化財保存課に事情を話し、おがみ神社に関する資料がないかを尋ねてみた。元八戸工業大学教授工学部建築工学科の高島成侑教授が計測したおがみ神社の平面図ならあるというお話をいただき、高島先生に許可をいただき平面図をコピーさせていただいた。

私たちは小雪が降る２００９年2月、おがみ神社に関する1回目の調査を開始した。今回の調査は、写真とビデオカメラを使って建物の全体像を捉えること、そして建物の内部を撮影することを目的とした。神社の境内丸ごとをシミュレーションするために写真やビデオを撮っているうち、調査は約3時間に及んだ。鳥居をくぐりまっすぐ本殿まで来る。本殿の前で手を清め拝礼する。そこから左に90度向きを変えると神楽殿が見える。これら全部丸ごとシミュレーションすることに、私たちはワクワクしていた。

佐藤はまさに「水を得た魚」だった。沼倉は就職活動のピーク時にさしかかり、プロジェクトにはほとんど時間を割くことができなくなった。それからの数ヵ月、佐藤は驚異的なスピードでＣＧを制作するためのソフトウェア（Shade や Lightwave）をマスターし、数週間に1度の打ち合わせのたびに私たちを驚かせるほどのＣＧ作品を披露した。

このようにして「おがみ神社」のＣＧが完成した（図20、図21）。これは「おがみ神社」の立体模型がコンピュータの中に入っているようなもので、マウス操作で前後左右と自由にバーチャルなおがみ神社を見ることができる。さらに、コンピュータの中にある境内を自由に歩き回ることも可能になった（一般的な性能のコンピュータを用いる場合、画像はかなり荒くなる）。

図 20　完成したＣＧのおがみ神社

図 21　おがみ神社本殿内部のＣＧ

CGに対する神楽士の反応

神楽士の反応は予想を上回るものであった。子どもたちのリーダー格である高校2年の男の子は、「すごいなあ」と何度も繰り返し感動していた。松川師匠、松本さんを含め年配の神楽士たちも食い入るように画面を見ていた。

しかし、一通り感動の言葉を発し終わると、神楽士たちはさまざまな厳しいコメントを出し始めた。まず、皆が口をそろえて言ったのは「木」に関してであった。

「この木はおかしい。姿がよすぎる。クリスマスツリーみたい。」

「昔、神社の周りはもっと木がうっそうと茂っていてもっと暗かった。昔はここで盆踊りをした。毎年9月2日。天気がよければ必ず盆踊りをしていた。」

このように、個人的な「思い出」までも出てきた。

技術的な話になるが、「木」のCGは非常に情報量が多い。多数の枝や多数の葉があるためである。木をどのようにして増やし「うっそうとさせるか」は制作者の腕の見せ所である（本書に掲載した図は修正したもの）。

さらに、私たちが最も印象的に感じたコメントは、神楽の聖性（宗教性）に関するものであった。

「神楽殿にしめ縄がない。しめ縄がなければそれは神楽殿ではない。」

「権現様はいつも幕をたらしてて。これだと置物おいている感じ。…中略…権現様あっての舞ですので権現様がこれだと。ちゃんと幕が引かれてあったほうが、見ていてありがたいなと思う。（「幕」とは獅子頭についている胴体部分の布のこと）」

図22　しめ縄が重要な神楽殿のCG

これらのコメントを聞き、私はモーションキャプチャ時の松川師匠の行動を思い出した。松川師匠にとって、わらび座のスタジオは神棚を置くことで神社の空間（＝神聖な空間）になった。神楽士にとって、しめ縄や神棚、そして権現様などには特別な「思い」があるようだ。

私たちは早速神楽殿のCGにしめ縄を付け加え、再び意見をお聞きした（図22）。神楽士は皆、口をそろえて「これなら立派なものだ」と納得してくださった。

衣装と江戸時代の八戸を再現する

私たちは「衣装のデジタル化」にもこだわった。もちろん、神楽の舞を後世に伝えようとする場合、衣装は写真やビデオに撮っておけばよいという考え方もある。しかし、私たちは「衣装のデジタル化」というものが単にその形や色合い、様式の継承にとどまらず、師匠の気持ちや「思い」の継承にまで直接結びつくと考えていた。松川師匠がモーションキャプチャを行うとき「祭りの衣装でなければ踊れない」と主張していたことを鮮明に覚えていたからである。

本プロジェクトでは、「衣装のデジタル化」を中国からの留学生サイランに担当してもらうことにした（サイラン 2011）。女性であるサイランは「ファッション」に大変興味があり、衣装に関しても詳しかった。また、衣装を通して日本に対する理解を深めてもらうことは、日中友好にとっても意義深いものと考えた。

さて、サイランは大変苦労しながらも2つの衣装を3DCGで完成させ、それにモーションキャプチャで収録した動きのデータを流し込み、今までとは異なった衣装を着た師匠が完成した（図23）。正直言えば、まだまだ細かな部分の修正も必要ではあったが、修士論文の締め切りも迫っていたため、とりあえず完成したアニメーションを持って八戸を訪れた。

神楽士の反応はおおむね良好であった。「なかなかよくできている」という評価が大半であり、中国人留学生が日本の伝統芸能の継承に関わってくれていることに対する感激の声も聞かれた。

松本さんは、次のようにも語ってくれた。

「神楽の前、衣装を着ける段階から意識が変わってゆくのです。衣装を一つひとつ着けてゆくことによって、気持ちやテンションを高めてゆきます。」

毎週の稽古は普段着で行い、神楽祭など本番のときにだけ衣装を着ける。「衣装を着ける」ということは、

図 23　神楽の衣装

図 24　江戸時代の八戸の町

神様を楽しませるという目的がある神楽にとって「特別な意味」があるのだと言う。衣装は、神楽士の気持ちや「思い」と直接結びついているのである。

さらに想像力をふくらませてゆくと、神楽の師匠もそれを継承しようとする子どもたちも、神社に集まってくるまでの「道程」がある。仕事や学校を終え神社に向かう道を歩きながら、「今日はどのような舞を覚えることができるんだろう……楽しみだなあ」と気持ちを盛り上げてゆく。そのような気持ちは、神社の鳥居をくぐるとき最高潮に達する。そのような「道程」もまた、神楽の継承にとって大きな意味を持つに違いない。私は、神楽の舞だけでなく、そのような「道程」もまたデジタル化し再現してみたいと考えるようになっていた。私は佐藤と話し合い、江戸時代における八戸の町をCGで再現することにした。

ここでも、佐藤は驚くほどの意欲と能力でCG制作を進めた。まず、博物館から江戸時代における八戸の地図を見つけ出し、現在の地図と見比べながら「e八戸」を作った（図24）。

このCGに関しても神楽士の反応は好評で、「八戸のこのような復元の映像は見たことがない。面白い」「子どもたちに対し昔はこうだったんだよと話してもなかなかイメージがわかない。だから、こういう再現によって神楽に対するイメージがふくらむ」という意見が得られた。

同時に、「あまりにもきれいすぎる。60年前の街はこんなにきれいではなかった。古ぼけた感じ。バラックとか。」という厳しい意見も聞かれた。

ここで語る師匠の頭の中には、自分がまだ子どもだった頃の懐かしい記憶がぎっしりと詰まっているに違いない。

ＣＧ神楽殿の上で師匠のＣＧを踊らせる

さて、いよいよ完成したＣＧの神楽殿の上で師匠のＣＧを踊らせる段階に来た。まさに「竜に目を入れる」作業である。舞のデータ形式（Lightwave のデータ形式）と神楽殿のデータ形式（Shade のデータ形式）が異なり佐藤はそれを合体するのに苦労したが、何とかそれをやり遂げてくれた（最終的には、Lightwave のデータ形式に統一し合成した。図25）。

「伝統芸能デジタル化」プロジェクトで制作した師匠のＣＧ（「2・3」章の図17）と比較してほしい。ここで動画を紹介できないのが大変残念なのだが、この画像同士を比較しただけでも、今回制作したＣＧのすばらしさがわかっていただけるだろう。

さらにここでは、状況や環境の変化も再現された。つまり、昼間の舞だけでなく、夕方や夜に神楽殿で師匠が舞うという状況も再現した（図26）。夜の舞はまさに神楽祭を再現したものであるが、神聖な雰囲気がそのまま伝わってきて私はとても感動した。昼から夕方、そして夜に変化してゆく光の設定はすべて、コンピュータが計算して表現してくれる。

完成したＣＧは私の予想をはるかに超えるリアリティを持っており、佐藤の意欲や才能はもちろんのこと、テクノロジーの発展に関しても私は大きな感動を覚えていた。テクノロジーは、人間の感性を満足させるまでに発展したのである。

さて、神楽士の反応であるが、私の予想通り若い人だけでなく高齢の神楽士たちも口々に「すごいなあ」

図 25　ＣＧの神楽殿で踊るＣＧの師匠

図 26　夜の神楽殿で踊る師匠のＣＧ

と繰り返した。しかし、子どもたちが「笛吹く人がいたらいいと思う。いつもはいる」「お囃子がいない」と指摘したことは、このプロジェクトをまだまだ終了できないことを示唆していた。さらに、「見てる人（観客）もいたらいいんじゃない？」「（神楽祭にはいつも子どもたちに人気があるフランクフルトやせんべい汁の）屋台があったほうがいい！」との指摘は、このプロジェクトの発展を大いに予感させることになった。

２０１０年、「３Ｄ立体視」の試み

プロジェクトを継続中だった私たちは、２００９年から２０１０年にかけて、思いもしなかった出来事に遭遇することになる。「３Ｄ立体視」の大ブームである。

昔から、２枚の写真を左右の眼の「ズレ」を利用して立体視する古典的な３Ｄ立体視はあった。しかし今回、普及が始まったのはフレームシーケンシャル方式と呼ばれるもので、２種類のズレた映像を専用眼鏡を使って見ることで立体視する方式である。３Ｄ映画「アバター」を皮切りにマスコミ等で大々的に取り上げられ、家庭用３Ｄテレビも各メーカーから次々と発売された。それまでの３Ｄ立体視とは比較にならないほどの迫力とリアリティがあり、瞬く間に一般家庭にも広がっていった。

私たちは早速、高性能なプロジェクタにより映像を大型スクリーンに投影し３Ｄ専用眼鏡をかけて３Ｄ立体視するシステムを導入した。さらに、パララックスバリア方式（視差分割方式）と呼ばれている裸眼立体視可能なシステム（42インチ・ディスプレー）も併せて導入した。そして、すでに完成していた神楽のＣＧをこれらの方式に合わせて３Ｄ立体視が可能なように作り直した。具体的には、３Ｄ専用眼鏡をかけて３Ｄ立体視するシステム用には２つのずらした映像を、また裸眼立体視可能なシステム用には８つのずらした映像を表示できるようにＣＧを作り直した。

２０１０年７月にはオープンキャンパスに参加した高校生約２００名に対しその効果を調査したほか、実際に神楽の稽古場にも機材を持ち込み師匠や子どもたちに感想を聞いた。詳しい結果は現在分析中であるが、どちらの方法もかなりのインパクトがあるようで、神楽を継承しようとしている師匠の「思い」を伝えるためにも効果的かもしれない。

いずれにせよ、これからさまざまな試みを繰り返す中で検討してゆきたいと考えている。

2・5 「ミュージカル俳優養成」プロジェクト

わらび座DAFと養成所

「わらび座」は民俗芸能をベースとしたミュージカルを中心とした劇団で、50年以上の歴史がある。もともとは全国各地に伝わる民俗芸能を公演するという活動を続けてきたが十数年前に大改革を行い、民話などを現代風にアレンジしたミュージカルなどを日本各地で公演している。現在、わらび座は7つのグループが年間約1、200回の全国公演を行い、海外公演もアメリカ、ヨーロッパ、アジア、ブラジルなど16ヶ国で行っている（2009年度）。また、ホームベースとなっている秋田県の田沢湖は、芸術とリゾートを結合した本格的な総合文化エリア「たざわこ芸術村」となっている。さらに、教育と文化の接点ということで取り組んできた「わらび座への修学旅行」は30数年の歴史を持ち、毎年150校2万人の子どもたちがたざわこ芸術村を訪れ、ソーラン節や農作業を体験すると言う。

そのわらび座には、デジタル・アート・ファクトリー（DAF）と舞台役者の養成所がある。DAFはわらび座のデジタル部門で、わらび座のネットワーク管理はもちろんのこと、舞台で使用されるCGの制作や踊りのデジタル・アーカイブなども担当する。また、外部からのモーションキャプチャ実施依頼にも応じており、私たちが行った八戸法霊神楽のモーションキャプチャもわらび座DAFにお願いした。

また、わらび座には役者養成所があり、舞台役者を養成している。わらび座で上演する舞台は、民俗芸能を基礎に取り入れたミュージカルが多い。そのため必然的に養成所の授業カリキュラムも、民俗舞踊や日本舞踊が中心になっている。

私が非常に興味深いと感じたのは、この養成所では伝統芸能の師弟関係に似た関係が講師と研究生の間には存在しているということであった（養成所では、学生のことを「研究生」と呼んでいる）。講師はまず自ら手本を示し、研究生はその手本に近づくため何度も繰り返す。講師の口からは「私の動き（踊り）をよく見なさい」という指示が頻繁に出ていた（図27）。

一方、役者養成所には2年間で研究生を一人前の役者に育て上げなければならないという使命がある。どんな初心者でも2年後には舞台に上がり、鑑賞料を支払ったお客さんの前で踊ったり演技をする。本来ならば長い時間かけて熟達させてゆかなければならない「わざ」を、2年という短い間に習得させせなければならないのである。つまり、伝統芸能の継承と近代的な学校教育との中間にあるのが役者養成所の教育である。私は、そのことがとても面白いと感じていた。

「初心者と熟達者は何が違うのか？」そして「本来は長い時間をかけて行わなければならない熟達化をモーションキャプチャを活用することによって支援できないか？」という疑問を持って、私たちはわらび座の養成所でモーションキャプチャを開始した。

モーションキャプチャの実際

このプロジェクトは、3年でひと区切りつけることを目標に開始した。1年目はさまざまな試行錯誤を行い、2年目と3年目に何らかの結果を出すような試みをしたいと考えていた。このプロジェクトでも、大学院生の佐藤克美が博士論文執筆のため、共同研究者として加わってくれた。

まず1年目に、踊りの講師と研究生4名に協力いただき、養成所の授業で行っている「民俗舞踊の基本」をモーションキャプチャした。講師によれば、この踊りは研究生が入学当初より継続的に学習を続けている踊りであり、民俗舞踊の特徴が捉えやすく、個々の特徴が出ると言う。舞踊の時間は約4分間である。

２００６年12月、研究生と講師に「民俗舞踊の基本」を踊ってもらい、モーションキャプチャを行った。研究生は皆、真剣にそして興味を持ってモーションキャプチャに挑んでいる様子だった。何と言っても「良い役者になりたい」と強く願っている彼らにとって、モーションキャプチャは自分の踊りを客観的にチェックするための絶好の機会と捉えたようだ。

図 27　養成所の授業風景（日本舞踊）

講師には、研究生とは時間帯を別にして踊っていただいた（図28）。やはり、講師の踊りは研究生とは比較にならなかった。「メリハリがきいている」ことは、素人の私にさえはっきりとわかった。

モーションキャプチャ実施から約1ヵ月後、私たちは講師と4名の研究生に対し制作した点（センサーの位置を示す）のCGを見ながらインタビューを行った（図29）。例えば、点の動きだけで「誰の動きかわかるか」を尋ねてみた。

4名とも「センサーの位置を表した点の動き」だけで、誰が踊っているのか判断できた。

「リアルだったな。わたし正直、点で見ても絶対わからないだろうなって思っていたんですよ。でも、見えちゃったから、点だけでも誰だって言うのがはっきり見えた部分もあったから、そういうのが読み取れるんだなぁっていうのが面白かったです。」（研究生A）

「自分のを最初に見たときは、点の集合にしか見えなかったんだけど、真理さん（注：講師）のを見たら、真理さんの姿が点の周りに浮かんできて、ほーって。」（研究生B）

さらに、「ちゃんと私のくせが出てるな」「はっきり見えるって怖いね」「自分の姿をこういう風に見れるのがあるとありがたいです」（すべて研究生C）とのコメントもあった（1年目に得た研究成果の詳細は、佐藤（2011）を参照）。

「津軽じょんがら節」のモーションキャプチャ

プロジェクトの2年目と3年目に、「津軽じょんがら節」のモーションキャプチャを行った。「津軽じょ

図28　講師と研究生のモーションキャプチャ
（左が講師）

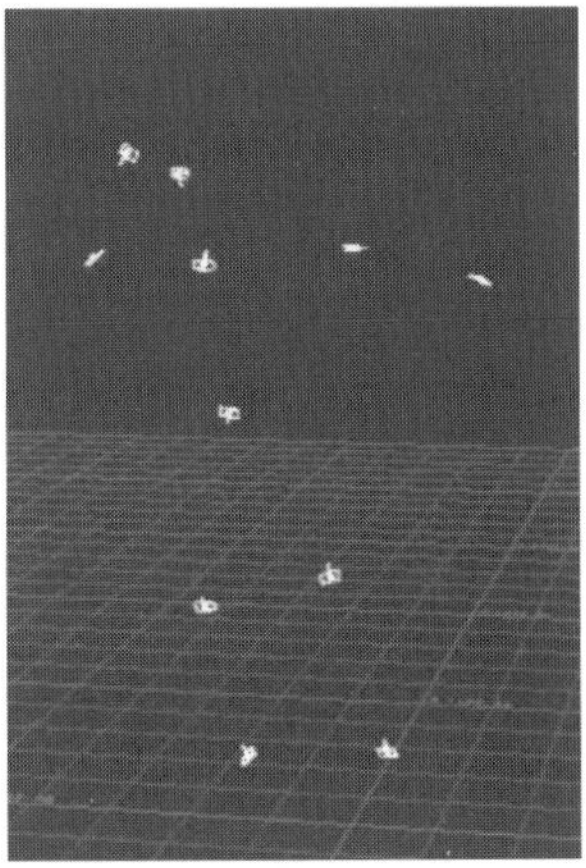

図29　点のＣＧ
（点の位置にセンサーがある）

んがら節」は手の動きが重要な踊りであり、養成所の教材として研究生は必ず習得しなければならない。この「津軽じょんがら節」を入学当初から修了までの2年間に4回継続的にモーションキャプチャすることにより、熟達化の過程を明らかにしようとした。さらに、その結果から舞踊における熟達化を支援するためのモーションキャプチャの活用方法も明らかにできればよいと考えた。対象としたのは、新しく養成所に入学してきた研究生の中の2名である（研究生DおよびE）。共に舞踊経験はない。

なお、1年目の研究では「点のCG」を用いたが、「津軽じょんがら節」は動きが速く「点のCG」はわかりづらいという事前の調査に基づき、「人形のCG」および「点を線でつないだCG（特に、身体の「軸」が明確に表現される）」の両方を用いることとした。

図30は、講師の踊りと研究生EのCGを重ねて表示したものである（手前が講師）。また、図31は講師の踊りと研究生Eの4回の踊りを並べて表示したものである。このような映像をふたりの研究生に見てもらい、講師と自分の踊りの違いを比較してもらった。

さらに、身体各部に取り付けたセンサーから得られた個々のデータも研究生にフィードバックした。ひとつの例として図32は、時期の異なる4回の踊りにおける左手の動きを、講師のものと重ねて表したグラフである。「左手の高さ（Z軸）」が、だんだん講師の踊り近づいてゆくことがモーションキャプチャのデータでも明らかになった（図32）。

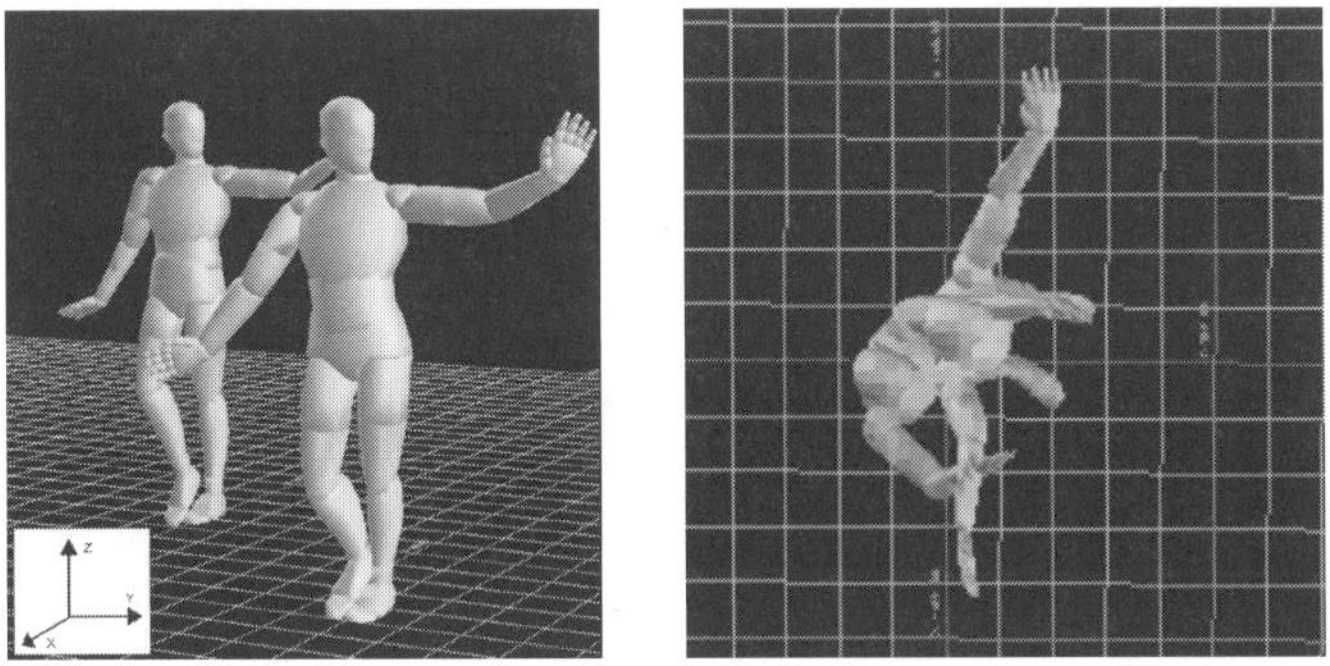

図 30　講師と研究生を重ねて表示（右図は上からも見たもの）

図 31　津軽じょんがら節
（右端は講師、その他は研究生Ｅのモーションキャプチャの結果、左端から１回目～４回目）

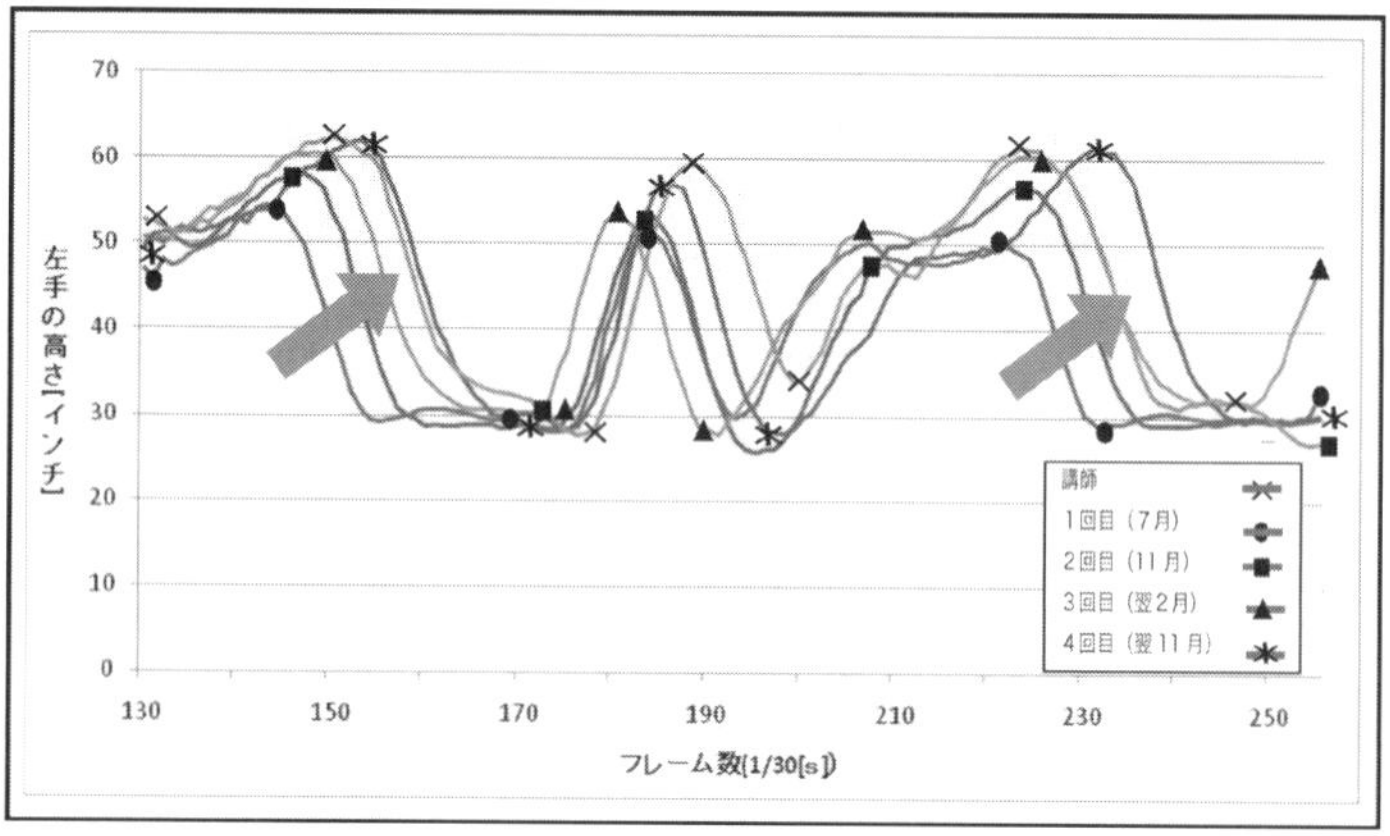

図 32　左手の動きを表したグラフ
（縦軸は手の高さ、横軸は時間（フレーム数））

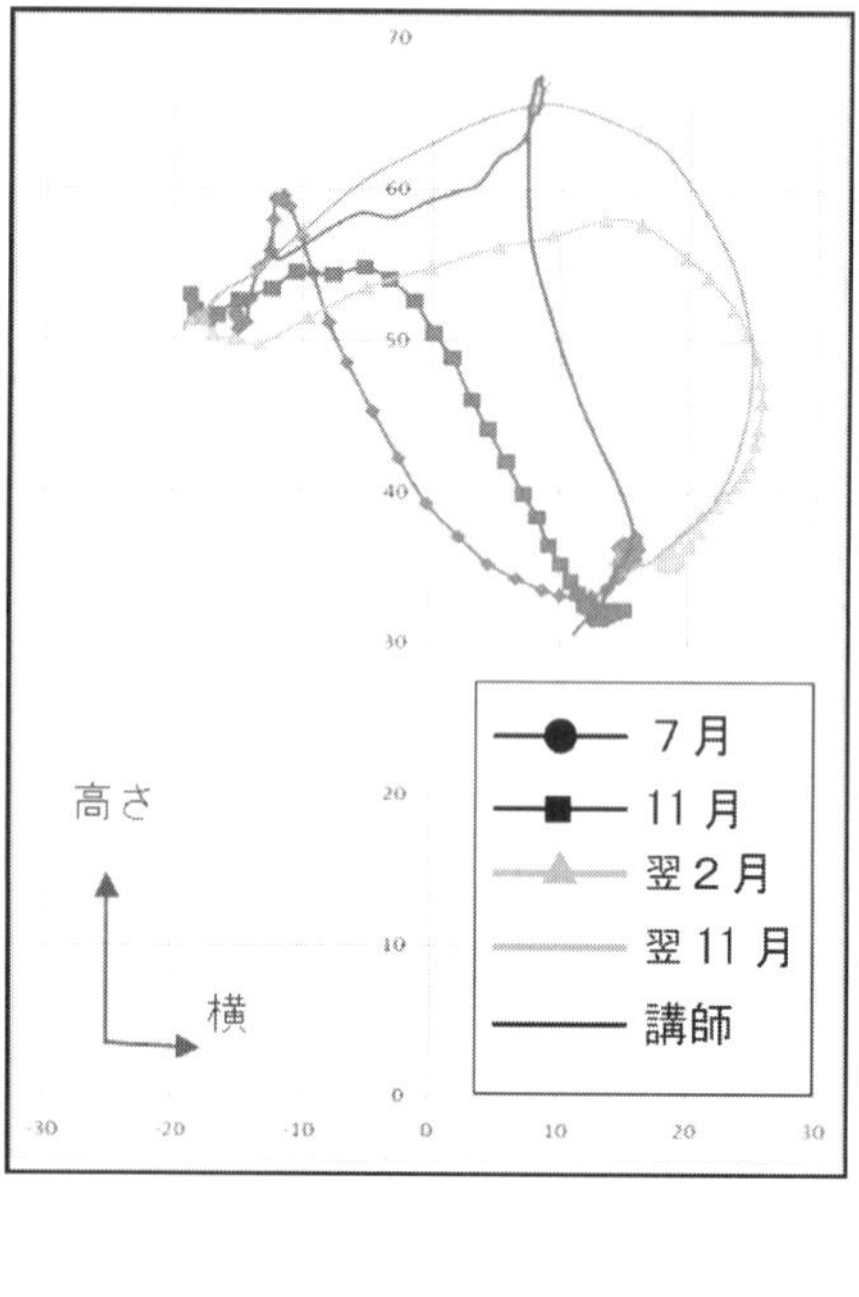

図 33　左手の動きを表したグラフ
（横軸は X 軸、縦軸は Y 軸）

データのフィードバック

これらのグラフやＣＧを研究生に見せながら、インタビューを行った。

「講師からいつも指摘されるが、自分としてはやっているつもりだったり、指摘の内容がよく理解できなかったりすることがある。しかし、モーションキャプチャにより数値で表されたり３ＤＣＧを見ると、そういうことかと理解できた。」（研究生Ｅ）

「（身体の軸の動きを見て）講師はまっすぐ踊っているが、自分たちはまだまだ傾いていたことに初めて気がついた。」（研究生Ｄ）

「とてもわかりやすい、特にグラフを見てからＣＧを見るとよくわかる」（研究生Ｄ）

ＣＧはビデオ映像と比較しても情報が削られるため、身体の位置や動きを確認するのに有効である。また、身体各部の位置や動きをグラフ化したものはＣＧと比較しさらに情報が削られるため、身体の位置や動きに関する「気づき」や「理解」が得られることがある。例えば、研究生にグラフを見せたところ、注意が手の動きや腰の動きに集中して新たな「気づき」や「理解」が得られた。また、グラフを見て未熟な

点に気づいてからCGを見ることにより、さらに深いレベルの発見や理解を得ることができることもわかった。（佐藤 2011）

このような試みの中で特に興味深かったのは、次のような事実である。図33は、左手を大きく上にあげて下ろす動作の軌跡（X軸とY軸）であるが、左手の動きを正面から見たものと考えれば理解しやすい。入学1年目の7月、11月、翌年の2月、2年目の11月、そして講師の動きを重ねて示した。

まず講師の手の動きは、鋭い頂上を持つ山を描くように動かしている（頂上で一瞬止まる）ことがわかる。ところが、研究生の手の動きはだいぶ異なっている。入学当初の7月（●）ほとんど手は上がらず、すぐに下に落ちてしまう。11月（■）も少しは上がっているが、すぐに落ちてしまう。翌年の2月（▲）、2年目の11月（曲線）ではだいぶ大きく上がるようになっているが、弧を描くような動きで講師の手の動きとは形が違う。

つまり、2年間の練習を積み重ねてゆく過程で、研究生の手の動きはかなり大きくそして上にあがるようになっている。しかし、講師のように鋭い頂上を持つ山を描くように動かす（頂上で一瞬止まる）までには全然近づいておらず、本質的なところでまだまだ講師の動きとは異なっていることがわかる。

素人が踊りを見ただけで、このことに気づくことはないのかもしれない。「動きが大きくなったね。だいぶ上達したね」という評価が得られることだろう。しかし、講師などの熟達者には一目瞭然であり、講師に対する私たちのインタビューでもその評価は大変厳しいものであった。やはり、卒業し舞台に上がってからも長く続く「現場での稽古」の中で、少しずつ熟達してゆくことになるのである。

「デジタル」の利点

舞踊の学習は「模倣」から始まると言われているが、今回私たちが対象とした役者養成所の研究生も、自分の踊りを講師の踊りに近づけることを練習における第1の目標としていた。しかし、「自分の踊りと講師の踊りのどこが違っていますか」と尋ねたところ、ほとんどの研究生が「ぜんぜん違うのはわかるが、何がどう違うか具体的にはわからない」と答えた。研究生は、講師の踊りを見て自分とは違うとわかるが「どこをどのように直せば講師の踊りに近づけるのか」を理解するのは難しい。

私たちはこの理由として、実際の踊りは情報量が多すぎるため未だ熟達していない研究生には理解できないのだろうと考えた。講師は長年の経験から、一度に多くの情報が入ってきたとしても適切に処理できる。しかし、研究生は実際の踊りを見て学ぼうとしても得られる情報が多すぎるため、「どこを見ればよいのか」「どこをどう直せばよいのか」がなかなか理解できない。

そこで、モーションキャプチャが大変有効になる。研究生のように未だ十分に熟達していない学習者に対して、自分の身体の動きを目に見える形で明確にフィードバック可能なモーションキャプチャは、非常に効果的である。総合的に言われると、初心者にとっては情報が多すぎるため混乱する。そこでモーションキャプチャを活用し、講師が大切だと考える部分、例えば「左手の位置だけ見てみよう」とか「腰の動きだけに着目する」と設定し、そこだけを注目してみる。そうすることにより、さまざまな気づきや確認が可能になる（佐藤 2011）。

本プロジェクトではモーションキャプチャのデータをCGやグラフで表現したことで、研究生と講師の踊りの違いや踊りの上達を確認することができた。実際、研究生に対するインタビューでも「CGでは身体の曲がり具合や手の上がり具合、そして身体の軸などが特徴化され、わかりやすくなる」という意見が多く聞かれた。つまり、情報が削られたことにより各々の身体の動きが特徴化され、研究生にとって「どこが講師と違うのか」という修正点が気づきやすくなったと考えられる。さらに、グラフを見た後再びCGを見ることによっても深い理解を得ることができた。いったん情報量を減らしたグラフなどで得られた「気づき」や「理解」をもとにして再びCGを見ることにより、明確なポイントを意識しながらCGを見ることができたのである。

CGなどのデジタルテクノロジーは、加工することにより簡単に情報を減らしたり増やしたりすることが可能である。この利点を活かすことにより伝統芸能や民俗芸能の継承を支援してゆけるのではないか、私たちはこのプロジェクトを経験することによって再び、そのように考えるようになった。

2・6 「鉄腕アトム ＆ 自閉症」プロジェクト

「デジタル感覚」を持つ自閉症児

「鉄腕アトム ＆ 自閉症」プロジェクトは、1990年代以降のロボット開発におけるコンセプトを自閉症教育にそのまま採用し、実際に自閉症児と関わってゆこうというプロジェクトである。ここでは、私が20年以上にわたって関わっている重度の自閉症児・晋平（仮名）を中心にして、このプロジェクトについて紹介する（渡部 1998・2004・2005・2006）。私が晋平と初めて出会ったのは彼が4歳になったばかりのときであったが、言語は理解できず話をすることもできなかった。母親とも視線が合わない、数字や記号に対する強いこだわり、偏食、奇声、多動などが顕著に認められた。

例えば、晋平には次のような特徴が認められた。晋平は小さい頃から、数字やアルファベット、ひらがな、カタカナが大好きだったが、お勉強好きとは少し違う。晋平の好きなのは、純粋に「整然と並んだ記号」なのである。リンゴの絵を見ながら「かなブロック」を使って「り・ん・ご」と並べたり、「し・ん・

ぺ・い」と自分の名前を作って喜んだりはしない。晋平が「記号」を使って熱中することはただひとつ、「きちっと順番通りに並べる」ことだけ。「あいうえお、かきくけこ、さしすせそ……」がきちっと並んでいないと、決して満足しない。この「きちっと並んでいる」ということには、とことんこだわるのである。例えば、母親が一緒に遊ぼうとして晋平が遊んでいる横に座り、「し・ん・ぺ・い」と「かなブロック」で作ろうものなら、表情ひとつ変えず即座に手が飛んできてそれを壊すと言う。彼にとって、「し」という記号の次に来るものは「しんぺい」の「ん」ではなく、「さしすせそ」の「す」でなければ絶対に許すことはできないのである。

その他にも晋平は、「整然と並んでいるもの」が大好きである。例えば、一定間隔で同じような木が整然と並んでいる並木道は晋平のお気に入りであるし、同じようなデザインのバスが一列に整然と走り出していくバスセンター前の道路も大好きである。当然ミニカーを一列に並べることも大好き。何十台ものミニカーを数ミリの狂いもなくきちっと並べ、悦に入っている。

ロボットと自閉症を一緒に考える

自閉症の子どもたちに共通していることは、彼らの多くが「デジタル感覚」を持っているということである。整然としたものや「きちっとしたこと」が大好きである。

ところが、日常生活はとてもあいまいで複雑。普通の暮らしの中でも次に起こることが予想できない。そのような日常生活の中で、「デジタル感覚」を持っている自閉症児はパニックに陥ってしまうのである。

例えば、子どもたちの通学路はだいたい決まっている。しかし、時には、その道が工事中で回り道しなければならないこともある。私たちなら何ともないそのような予定変更が、自閉症の子どもたちにはどうしてもクリアできない。

そのような自閉症の子どもたちと日々接していた私が、どうしてロボット開発に興味を持ったのか。それは、次のような理由からである。

ロボット開発の研究者はそれまで、機械であるロボット（その頭にはコンピュータという脳が備わっている）を可能な限り人間に近づけようとしてきた。彼らが目標としたのは、「鉄腕アトム」。つまり、人間のように優しい心を持ち、人間のように考え、人間のように話をするロボット。彼らはこのような「人間らしいロボット」を開発するために、ひとつの開発のための基本方針を持っていた。その基本方針とは、「ロボットを人間に近づけるために、ロボットにさせたいことを一つひとつ系統的にプログラムしていく」というものだった。ロボットにさせたいことを、一つひとつ系統的にプログラムする。そうすれば、最初は単純なことしかできなくとも、だんだん複雑なことができるようなロボットに進化してゆく。プログラムが複雑になればなるほど、ロボットは複雑な行動ができるというわけである。ロボット開発は、科学技術の著しい発達とそれに伴うコンピュータの爆発的とも言えるほどの発展によって１９７０年代まで順調に進んだ。ロボット研究者の誰しもがこのまま開発が進めば数年後、遅くとも10年後には鉄腕アトムのような「人間らしいロボット」が現実のものになると考えていた。

しかし、ロボット開発は１９８０年代に大きな「行き詰まり」を経験する。実験室の中ではうまく動いていたロボットが、実験室を出たとたんにまったく動けなくなってしまったのである（これは「フレーム問題」と呼ばれている)。条件の整った実験室と比較し、「日常」は我々が予想していたよりもずっと複雑であいまい、つまり膨大な量の情報処理をしなければうまく動くことはできないのである。同時に研究者は、「人間はそのような日常の中で何とかうまくやっている」ことに気づいた。それほど膨大な量の情報処理をしなくとも、人間は日常の中で何とかうまくやっている。ここで、発想の転換が生じた。

ロボット研究者は、「単純な設計で複雑な行為をさせる」ことを目標にしようと考え始めた。そのためには、自分が置かれた状況や環境とうまく相互作用しながら柔軟に行動を変化させる能力が必要になる。また「間違いを犯さない完璧なロボット」という考え方をやめてしまい、「小さな誤りを犯しながらも最終的には何とかうまくやっていくようなロボット」を作ろうと考え始めた。これは、「あいまいで複雑な日常の中で何とかうまくやっていく」ことのできる人間の能力に発想を得たものである。

もちろん、現時点においても「人間らしいロボット」の完成は見ていない。まだまだ時間がかかるだろう。しかし、このようなロボット開発の現場で起きた発想の転換を知り、私は次のように考えるようになった。

ロボットと自閉症を一緒に考えてみよう。

自閉症の教育もロボット開発と同じなのではないか? 「ロボットにさせたいことを一つひとつ系統的にプログラムしていく」という考え方に基づくロボット開発は、「科学的な教育」と称される現在の自閉症児に対する訓練プログラムと読み替えることができる。また、ロボットが陥った「フレーム問題」は、あいまいで複雑な日常の中でパニックに陥っている自閉症児とぴったり重なる。そして、「ロボット自身に学習させる」という発想が、私に「子ども自身の学びを大切にする」という考え方を思い出させてくれた。こうして「ロボットと自閉症を一緒に考える」という試みが、自閉症・晋平に対して始まった。晋平が4歳のときである。

自らコミュニケーションを始めた晋平

晋平は、重度の自閉症児である。しかし私と母親は晋平自らの「学び」を大切にするという方針をかかげ、「晋平自身の学び」を大切にしながら晋平を育ててきた。具体的には、以下のことを最大に考慮してきた。

・母子関係を中心に「コミュニケーション」を重視する
・晋平の意志を最大に尊重することにより、自発的な意思表示を促す（要求、拒否、感情など）
・さまざまな「状況」を設定し、多くの経験をさせる（子ども集団、新しい環境）

結果的に、その選択は正解であった。小学校に入った頃から著しい発達が認められるようになり、それまでの無表情から笑顔が出てきた。また、人の言うことも状況の中ではある程度理解できるようになった。そして、小学4年生の夏休み、晋平は自ら「指書」というコミュニケーション手段を使い始めたのである

（図34）。母親は驚いてすぐに私に報告してくれたが、それはちょうど、こんな具合であった。

それは8月の最終日、今日で夏休みが終わり、明日から学校という日でした。夕食を食べ終え、晋平、お姉ちゃん、そして私の3人が、お姉ちゃんの部屋でくつろいでいたときのことです。お姉ちゃんは、明日の学校の用意をしていました。私が何気なく「もう夏休みも終わりね」と言うと、晋平がランドセルのミニチュアを指さしました。それはお姉ちゃんのアクセサリーです。「ああ、晋平も明日から学校だという気持ちを表現したいんだな」そう思いましたが、特にそれに対して反応することもなく、ただボーッとしていました。お姉ちゃんも、晋平が指さしたことに気づいたのか気づかなかったのかわかりません。するとと晋平は、突然私の手を取ると手を開かせ、手のひらに「がっこう」と指で書きました。そんなことはこれまで一度もなかったので、とても驚きました。（晋平ママ）

この事件をきっかけにして、晋平は自己表現の手段として「指書」を使い始めた。指書が出現し始めた当初、最も頻繁に出現するのは母親に対してであり、それは学校から帰ってきた後のゆったりした時間に多く見られた。晋平は母親の手を引っ張り自分のところに寄せ、その手のひらに人さし指で書く。もし間違って修正したいときには、手でごみを払うように手のひらをなでる。この行為は頻発し、書いては消しまた書くことが頻繁に行われた。

非常に興味深いのは、その「書き順」である。指書の書き順は、しばしば間違った書き順であった。例えば「くるま」の「ま」は、最初に中央の縦線（+くるりとひねり）を書いてから横線2本を書く。ところが、学校の授業中行う書字や宿題のプリントで書く文字の書き順はほとんどの場合、正しかった。「くるま」も正しい書き順で書いていた。つまり晋平にとって、コミュニケーション手段としての文字（指書）と、お勉強としての書字では、たとえ同じ文字であったとしてもまったく異なった意味を持つと考えられた。

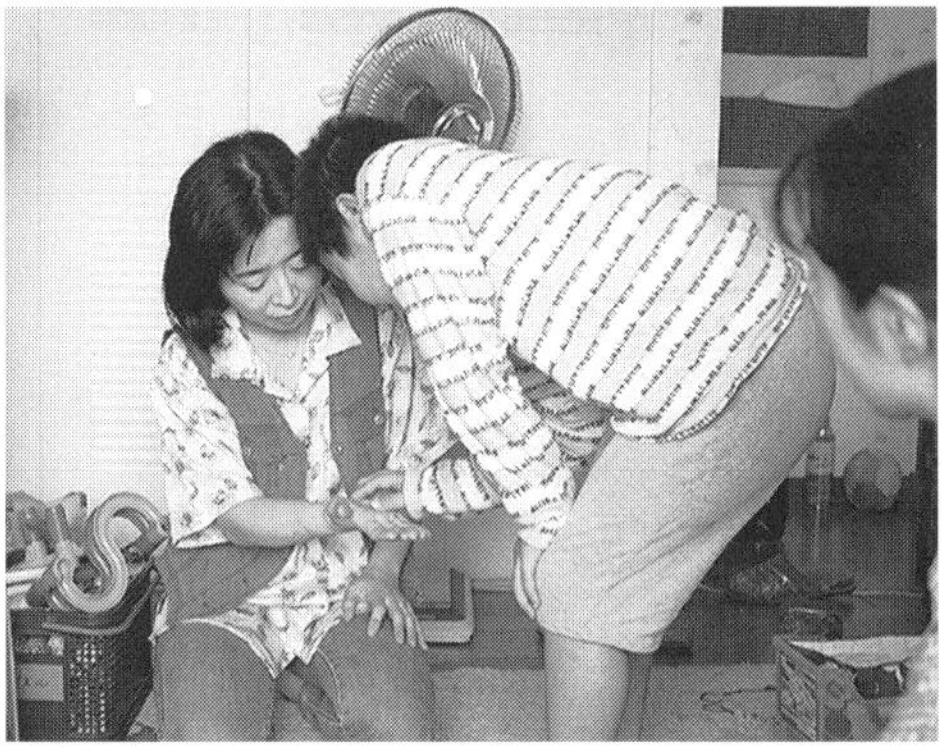

図34　母親に「指書」する晋平（10歳の頃）

指書が出現し始めた8月下旬から12月までの約3ヵ月の間に母親は30以上の単語を確認している。例えば、何かが欲しいとき（要求）の指書としては、「ピザ」「カカオ（カカオの実というお菓子）」「オムライス」「ごはん」「さっぽろポテト」「ドーナッツ」「チキン」などが出現した。また、何かをしてほしいときの指書としては、「せっけん（手を洗いに一緒に来てほしいとき）」「くるま（車に乗りたいとき）」「レンジ（エピソード1参照）」などが見られた。さらに、何かを伝えたいときの指書としては、「は（歯が痛いとき）」「ふとん（ベッドに行くことを告げるとき）」「ランドセル（明日学校があるかどうか尋ねるとき）」「あし（スケートをした後、靴を脱ぐとき）」などが見られた。その他にも、「かっぱぁーず（晋平の好きなスポーツクラブの名前）」「みつば（晋平の好きなお菓子屋の名前）」「め（母親のコンタクトレンズのケースを指さして）」「スパゲッティー（エピソード2参照）」などが出現した。

《エピソード1》
晋平は好物のラザニアを冷蔵庫から取り出し、母親のところに持ってきた。そして、母親の手を取り指書を開始。母親は「ラザニア」と指書するものと予想していたが、「レンジ」と指書。母親は大変驚いたと言う。

《エピソード2》
その日の夕食はスパゲッティーだった。晋平はそれを知ると、本棚から「あいうえお辞典」を取り出しスパゲッティーの項目を引き、その書き方を確認。改めて母親に対し「スパゲッティー」と指書。

「指書」出現その後

8月下旬に初めて指書が出現してからしばらくは、3日に1回ほどの頻度で指書は出現した。しかし、徐々にその数および頻度が増加してゆく。11月、初めて学校において、先生に向かって「トイレ」と指書が出現する。指書が出現してから3ヵ月後の12月には30単語以上の指書が出現し、その頻度も1日に4、5回から十数回に増加した。さらに、母親だけでなく姉および祖母に対しても指書が出現するようになり、学校でも教師に対する指書が増加してゆく。この頃、教師からの連絡帳には、コミュニケーション改善の様子が記載されている。例えば、「この頃、〝トイレに行く〟という意味での〝トイレ〟の指書が定着しました」などの記載が見られる。

次の年の1月には「おやすみ」などの挨拶の指書が出現。初めての指書から6ヵ月経過した1995年2月には指書の数が100単語を越え、指書が日常生活に定着したと考えられる。この頃、テレビの面白い場面で声を出して笑うようになってくる。母親によれば、そのようなことは「今まではなかったこと」と言う。4月頃から、これまではほとんど興味を示さなかった漢字単語に対し急に興味を持ちだし、漢字絵本や漢字辞書に熱中する。母親に対し、漢字の音読を求める行為が見られるようになる。また、自分で漢字を調べるという行為が頻繁に出現するようになる。

さらに、4月には2単語続けて指書が出現する。例えば、姉がお風呂に入っているとき母親に対し、「しゅうこ（姉の名前）」「おふろ」という指書が出現。私とともに家庭を訪問した初めて会う学生に対しても指書が出現。5月になると形容詞（「小さく」「おおきな」）、動詞（「行く」）、助詞（「積み木で」）、感情語（「すき」）の指書が出現するといった品詞の拡大が観察された。

ところで、私は一時「指書を筆談に発展させるために指導しよう」と考えたことがあり、意識的に晋平に対し筆談を求めたことがある。しかし、晋平はそれを強く拒絶した。また母親も、「はっきりとした理由はわからないけど、晋平にとって指書と筆談とはまったく意味が違うように感じます」とコメント。そこで、私はしばらくの間様子を見ることにした。ところが今回もまた、その問題は晋平自身が解決してくれた。晋平自身が自主的に筆談を開始したのである。それは、次のような場面であった。

晋平は、祖母に何か伝えたいことがあったようだ。そこで、祖母の手を取ると手のひらに指書を始めた。

ところが、祖母はなかなかそれを読み取ることができない。晋平の書き順はまったくいい加減なものだから仕方がない。しばらくすると晋平は突然その場から立ち去り、まもなく戻ってきた。そして、その手には紙とボールペンが握られていた。電話の脇に置いてあったメモ用紙とボールペンを持ってきたのだった。このとき以来、書字がコミュニケーション手段として使用されるようになったのである。

その後の晋平の成長は、それまで多くの自閉症児と接してきた私の予想をはるかに超えるものであった。高校時代には、「相手の気持ちを察したうえで自分の行動を決定する」という高度なコミュニケーションも可能になった。また、小学校から好んで描いていた絵画も上達し、高校一年生からは毎年、小さな個展を開いている。そして、現在はボランティアの人々に支えられながら、障害を持った数名の仲間たちとともにコーヒーショップをかねた軽作業所で働いている。表通りに面したコーヒーショップの壁には晋平たちが描いた個性的な絵画がかけられ、気に入った客が買ってゆくこともあると言う（詳しくは、渡部1998・2004・2005を参照）。

本プロジェクトにおける2つの特徴

このプロジェクトは結果的に、2つの特徴を持つことになった。第1に、母親の発言がプロジェクト実施に大きく影響したという点である。そして第2に、このプロジェクトは20年以上にもわたる長い期間継続しているという点である。

第1に、母親の発言がプロジェクト実施に大きく影響した。私は、自閉症児の母親ととことん話し合うことによってプロジェクトを進めた。この話し合いの中で得られた母親の発言は、研究データとして記録されるとともに、本プロジェクトの方向性を左右した。一般に近代科学では、研究者は対象に対し常に客観的な立場から主導権を握り状況を十分にコントロールしたうえで研究を進めなければならないとされる。事実、これまでの「教え込み型の教育」では指導者が事前に十分な検討に基づいて指導方針を定め、カリキュラムを組む。そして、そのカリキュラムや指導計画に基づき指導を進める。しかし本プロジェクトで私は、あえて対象（自閉症児自身およびその母親など家族）とのコミュニケーションを重視することにより、私自身に「しみ込んでくる真実」を探求すると同時に、それに基づき研究を進めてきた。

第2に、本プロジェクトは20年以上にもわたる長い期間継続している。つまり、本プロジェクトでは「時間スケール」を強く意識している。従来の「教え込み型の教育」における時間スケールは、短い時間である。何らかの働きかけを行ったら、すぐにその働きかけの効果として目に見える子どもの変化が求められる。一般に、近代科学的な価値観では短い時間で効果が現れることを求められる。短い時間の効果が積み重なることによって、結果的に長い時間で見たときにも大きな効果があるだろうと考える。しかし、このプロジェクトで私は、「時間スケール」を最初から長くとることを意識した。つまり、関わりの中で私は、常に晋平の将来像を強く意識したうえで関わりの方針を決定していた。

それは、日々働きかけに対する省察であった。長い時間スケールで考えたときに「望ましいこと」が、短い時間の「望ましいこと」と一致するときには何の問題もなかった。しかし、長い時間スケールで考えたときに「望ましいこと」が短い時間の「望ましいこと」と一致しないとき、私は（もちろん母親も）非常に悩むことになる。例えば、小学校入学を目前に控えたときの「一定時間着席する訓練を行う」という選択肢は、短い時間スケールで考えたときには「望ましいこと」であったが、長い時間スケールで考えたときには決して「望ましいこと」とは判断できなかった。

そのようなとき、第1の特徴である母親の発した言葉は私を大いに勇気づけた。

いろんな「いたずら」とか、親がして欲しくないこととかでも、「自分で自分の行動を起こしてる」っていうことがとても大切な気がするし…　それを積んでいくことで「できること」っていうのは必ず後からついてくる…　晋平を見ててそう思うんです。（晋平ママ）

さらに、晋平の母親の次のような発言は、私が長い時間スケールを用いて晋平にとって「望ましいこと」を考えるとき、非常に心強く感じられた。

少なくとも「晋平がいるとすごくいい気持ちになれる」とか「楽しい気持ちになれる」とか、「幸せになれる」とか、そういう意味で晋平に対し良い感じを持ってほしい。こういうのが、大きい意味で、晋平を「どういう人間に育てたいか」っていうことなんです。（晋平ママ）

科学技術の粋を集めた最先端のロボット研究を参考にした結果、本プロジェクトにこのような近代科学とは相反するような2つの特徴が浮き上がってきたことを、私はとても面白いと感じている。

2・7 「超デジタルな学びの創発」プロジェクト

CG制作による「学び」の創発

これまでのデジタルテクノロジーは、学習者に対し「教え込み型の教育」により「きちんとした知」をできるだけ短時間で効率的に獲得させるための「教材」として盛んに活用されてきた。

それに対し「超デジタルな学びの創発」プロジェクトでは、このような従来のテクノロジー活用とはまったく異なった役割をデジタルテクノロジーに求めている。つまりここでは、学び手自らが苦労しながらCGを制作することにより「自らの気づきや学び」が自然に発生することを意図している。

対象に対する能動的な観察が「自らの学び」を創発する。「創発」とは、一般には「誰かが意図的にしくんだわけではないのに何らかの複雑な現象や構造などが生ずること」を言う。ここでは特に、対象のビデオを何回も繰り返し観察しながらCGを作り込んでゆくうちに、予想以上の気づきや「学び」が自然に生まれるという現象を示している。

つまり、このプロジェクトは「対象を苦労してデジタル化することにより、その対象に対し予想以上に理解が深まる」という現象に対しアプローチした一連の試みである。実を言えば、プロジェクトを開始した当初、このような目的はまったくなかった。初めは「プライバシー保護のために映像をCG化すること」が目的であった。

プライバシー保護のためのCG化

人間の行動を記録したり後から改めて観察しようとしたとき、これまでは一般にビデオ映像が利用されてきた。ビデオカメラの普及により、映像として記録しその映像を再生しながら繰り返し観察するという方法は、行動研究においても広く普及している。さらに現在では、そのようにして録画した映像をWeb上に動画映像として公開することも盛んに行われている。

私と小山智義（当時、東北大学大学院修士課程）は2000年当時、一般の人たちの障害に対する理解を深めることを目的として、自閉症児が示す「気になる行動」をWeb上に公開することを計画していた。しかしそのとき、自閉症児に対するプライバシー保護の問題が生じた。

私たちはこのような問題をクリアするため、自閉症児が示す行動をCGで再現すればよいのではないかと思いついた。CGならばプライバシー保護の問題は解消されるはずである。

公開する映像は、小山とY児が遊んでいる場面（約40秒）およびこれまで撮影したY児のビデオ映像の中から自閉症児に典型的に認められると考えられた11種類の「気になる行動」（1行動あたり数秒）とした。

まず、小山とY児が遊んでいる場面を2台のビデオカメラで2地点から撮影し、この映像をもとに3DCG映像を制作した（図35、図36）。3DCGは、一般ユーザー向けに市販されている3DCG制作ソフト「Poser 3（Meta Creations）」を用いて小山自身が制作した。ビデオ映像をパソコンのディスプレー上に再生しながらキーフレームとなる身体位置のデータを入力し、その間の動きはコンピュータが計算し自動補正した（ディスプレー上にある人形の身体や手足がビデオ映像に重なるように、ちょうど粘土の人形を動かすようにマウスで動かしてゆく）。描画フレームレートは毎秒30フレームを使用し、動画の滑らかさはビデオ映像と同レベルにした。これらのビデオ映像を3DCGで再現するために、小山は約2ヵ月を要した。完成した3DCG映像は、大学生および大学院生に見ていただき感想を求めた。

また、自閉症児に典型的に認められると考えられた11種類の「気になる行動」は、文字情報とともに『自閉症の「気になる行動」ライブラリー』として一定期間Web上に公開した。2001年当時のネットワーク環境では情報量が多すぎスムーズに閲覧することが困難だったため、短期間で公開をとりやめた。しかし、今日のネットワーク環境ならば十分に活用可能だろう。

3DCG映像のメリットとデメリット

今後、インターネットを活用して、行動研究に関する情報の伝達あるいは共有化が盛んに行われることが予想される。インターネットの最大の利点は、世界中の人々が自由に情報を共有できるということであるが、行動研究における情報には「プライバシーの保護」という条件が前提となる。例えば、ある事例の

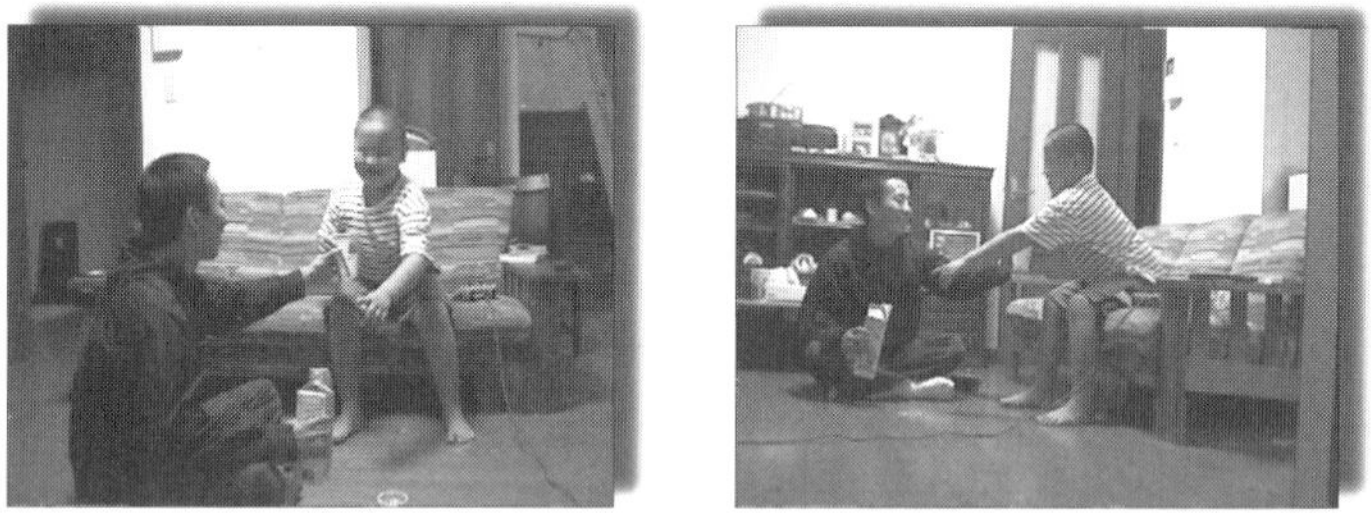

図 35　オリジナルのビデオ映像

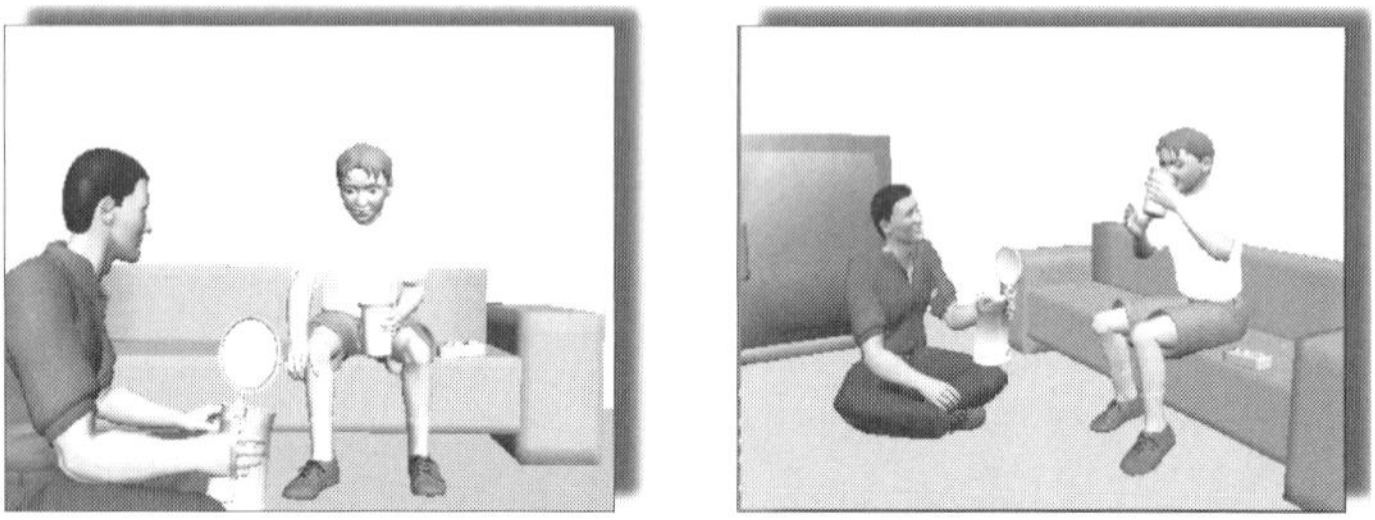

図 36　完成した３ＤＣＧ

異常行動についての情報をインターネット上で共有しようとした場合、その事例の匿名性を維持しながら、しかも明確で詳細な情報を用意しなければならない。このような場合には、今回私たちが試みた「ビデオ映像のＣＧ化」は非常に有効であると考えられる。

また、３ＤＣＧ映像は行動ライブラリーなどの情報データベースにも有効である。ビデオ映像と比較し、ＣＧの情報量は非常に小さい。また、ＣＧは個々の映像に複数の索引をつけることが容易にできるため、欲しい映像の検索も非常に簡単にできる。

ビデオ映像を再生していてしばしば感じるのは、「この角度からの映像が欲しかったのに」というようなことである。このような場合、３ＤＣＧ映像では自分の好きな視点から再現して観察することが可能である。例えば、天井からの視点や後ろからの視点など、利用者が求める視点からの観察が可能である。さらに、以前のデータをもとに制作したＣＧと現在のＣＧを重ね合わせて比較観察することにより、発達や変化の様子を明らかにすることも可能である。必要ならば、それらを数値化して比較することも容易に可能である。

小山とＹ児が遊んでいる場面の３ＤＣＧ映像を、自閉症児と接した経験のある大学生および大学院生、計20名に見てもらい感想を聞いた。このとき、マウスを使って視点を自由に動かすよう指示した。さらに、同じ場面のビデオ映像も視聴してもらった。

20名中19名が３ＤＣＧ映像の有効性を認めたが、中心的な意見は「ビデオ映像と比較し3ＤＣＧ映像では多様な視点から観察できる」というものであった。具体的には、「ズームや別のアングルから見られるのがいい」「見たい部分に注目しそこだけ抽出できる」という意見があった。さらに、「さまざまな角度から観察できるので行動予測の手がかりを得やすい」といった意見も見られた。

しかし、3DCG映像のデメリットに関しても多くの意見があった。例えば、多くの人が「雰囲気の欠如」や「3DCG特有の人工的な不自然さ」をあげた。また、「無機質な表情」「感情のない表情」などに違和感を持ち、「デフォルメによって現実感が喪失する」という意見も見られた。これらのデメリットに関しては、デジタルテクノロジーの発展によってある程度は解消されることが予想される。

小山自身に生じた変化

ビデオ映像を後で繰り返して観察する場合、見たかった視点からの映像が撮影されておらず後悔することがしばしばある。また、これらの映像をWeb上に公開しようとした場合、プライバシー保護の問題が発生する。これらの問題を解決するために、今回私たちは自閉症児が示した行動を「3DCG映像」で制作し公開することを試みた。その結果、この方法のメリットとこれから解決しなければならないデメリットが確認された。

しかしながら、このプロジェクトを実施して私自身が最も興味深いと感じたのは、これまで紹介してきた研究成果ではない。私自身が最も興味深いと感じたのは、3DCG映像を制作するという作業を実際に行う中で小山自身に生じた変化なのである。

第1に、2次元空間のビデオ映像を3次元空間の3DCG映像に再現してゆく過程で、小山は「Y児の行動が実際には3次元空間、つまり奥行きのある立体的な行動として生じているのだ」ということを実感したと言う。実際の行動が3次元空間で生じているということは当たり前のことではあるが、ビデオ映像による観察に終始していたときには感じることのできなかった3次元空間を感じることができたと、小山は言う。

第2に、3DCG映像を作り込んでゆく際、その「現場」の空間を自由に動き回っている自分自身にしばしば気づいたと言う。それは、ビデオ映像という2次元映像を見ていたときにはまったく経験できなかった感覚である。「3次元空間の中にいる自分が同じ空間にいるY児を見ている。そして、Y児の行動がある種のリアリティをもって3DCG空間の中で見えると感じるようになった」と言う。

第3に、ビデオ映像を見ていたときにはまったく注意を払うことのなかった動作、例えば「首の傾き」「指先の動き」「足の位置」「指さしをしていないほうの手の位置」などにも着目しなければならなかったと言う。これらの動作は、ビデオ映像による観察の時には「意味のない動作」として無視されるだけであった。しかし、3DCGを制作するためには、そのような一見「意味のない動作」にも着目して制作しなければならない。だがはたして、これらの動作に「意味がない」と断言することができるのだろうか？　小山は、「ビデオ映像による観察ではまったく気づくことのできなかった動作が気になってしようがないということが、3DCG映像を作り込んでゆく作業の中ではしばしばあった」と言う。そして、そのような一見無駄と思われるような動作の作り込みを重ねてゆくうち、しだいに対象児の気持ちに近づけたような感触を得たと言うのである。

第4に、ビデオ映像では死角になっている部分の作り込みが非常に困難であったと、小山は言う。しかし同時に、その部分の作り込みの善し悪しは「自分が現場にいた」か否かに大きく左右されることを実感したと言う。

「観察者＝制作者」の視点

今回、小山自らがY児と関わり、それをもとに３ＤＣＧを作り込んでゆくという作業を行った。その作業の中で最も印象的だったのは、「読み取る」過程に終始してきた従来のビデオを用いた観察に「作り込む」という過程が加わったことによる理解の変化と深まりである。対象がより身近に感じられ、対象の心情を擬似体験したかのような錯覚さえおぼえたと小山は言う。

３ＤＣＧ制作では、出来上がった映像に制作者の恣意性、主観性が反映されることは避けられない。観察者としての各個人の問題意識、対象に対する注意、関心の違いが、映像に微妙な表現の違いを生じさせる。また３ＤＣＧ制作では、ビデオ映像においては死角となっている部分の作り込みという作業を伴うが、この場合にも制作者の恣意性、主観性が問題となる。死角となっている部分を作り込む際、映っている身体部位の動きに注意しながら身体全体の動きを予想しなければならない。そのような場合には、制作者自身が観察現場に居合わせたか否かが重要になり、またその欠落部分を滑らかに補完するだけの感性（これは同時に「対象を理解するセンス」と言うこともできる）が求められる。

さらに、「現場」での様子を思い出しながら対象児の心理状況を推察したり、自分自身の心理状態を追体験的に追いながら、その部分の行動を補完し制作しなければならない。「３ＤＣＧ映像の制作後、対象児に対して格別な愛情と親しみを覚え、対象児の心情を擬似体験したかのような感覚を得た」という小山の言葉は、このような過程の所産だと考えられる。

このような感覚は、観察後の対象児との関わりにおいても小山に大きな恩恵をもたらした。「対象児の心情に踏み込むことができた」（小山の言葉）という自信は以後の関わりにおいても大きく影響し、その関係は格段に濃いものとなったことは間違いなさそうである。「観察」という行為を、情報として「取り出す」だけではなく、映像として「作り出す」こととの相互循環作業であると考えたことによる最大の利点であろう。

後に、小山は次のように報告してくれた。

いつも私の中でイメージとして描かれている「Y君とのコミュニケーション場面」がディスプレー上にリアリティをもって再現されると、バーチャルなY君に対し、親しみや愛しさにも似た感情が芽生えてきます。また、その動きを一つずつ作り込んでいく過程には、どこかしらY君の情動の行方を追跡、追体験しているような感覚すら覚えるのです。……中略……

この場合は一方的ではありますが、何となくY君と心が通じ合い、感じ合えたような、微妙な感覚が私の中に芽生えるのです。この感覚の蓄積は、その後のY君との関係にも影響を及ぼしました。Y君の口から私のことを指して「トモニーチャン」という言葉が始めて出たのはこのプロジェクトを終え、まもなくの頃でした。観察者としての私の意識や接し方が関わりの中でどう変容していったのか、説明することは難しいことですが、着実にY君の中で私に対する意識、それに伴う態度が良好なほうへと変わっていったことは事実です。私の意識がY君の波長と同期し始めたのか、バーチャルなY君に対して芽生えた愛着がそのまま現実のY君にも受け入れられたのか、はたまた単なる偶然か、現段階では解釈はいかようにもできますが、観察することと表現することを結びつけた今回の記録の意味をそこに見い出し、積極的にこの事態を受け入れたいと思っています。（小山　当時、大学院生）

もうひとつの3DCG制作の試み

小山と実施したプロジェクトが終了してしばらく経過した2008年、私はもうひとつ別のプロジェクトで同じような経験をした。それは「簡易式モーションキャプチャ」プロジェクトで、これまで紹介したモーションキャプチャを活用したプロジェクトの一環として実施されたものである。先に紹介したプロジェクトでは「磁気式モーションキャプチャ」という高価で精密な機器を使用したが、ここでは教育現場で手軽に活用できることを念頭においた安価で手軽なモーションキャプチャの活用を目的とした。

「簡易式モーションキャプチャ」とは、次のようなシステムである。まず、2台のビデオカメラで異なる方向から撮影した2つの映像をコンピュータに取り込む（ここまでの過程は、小山と実施したプロジェクトと同じである）。取り込んだ2つの映像をコンピュータのディスプレーに並べて表示しながら、10ヵ所の関節位置をマーキングする（図37）。例えば左肘に関して、1秒の映像は30フレームなので、ディスプレーに示された左右2つの画像計60枚の左肘の位置をマウスでクリックしてゆく。1分の映像のマーキングは、（60秒×30フレーム＝1800フレーム）×10ヵ所の関節位置×左右の映像で2回＝36,000個のマーキング（マウスでのクリック）が必要になる。特に難しい作業ではないが、単純作業を長時間続けなければ完成しない。例えば、73秒の「ハワイアンフラ」のデータをコンピュータに入力するために、大学院生の安住陽子は丸1日（約9時間）かかった（図38）。安住は、10年のハワイアンフラ経験者である。

図37　簡易式モーションキャプチャ（安住 2008）

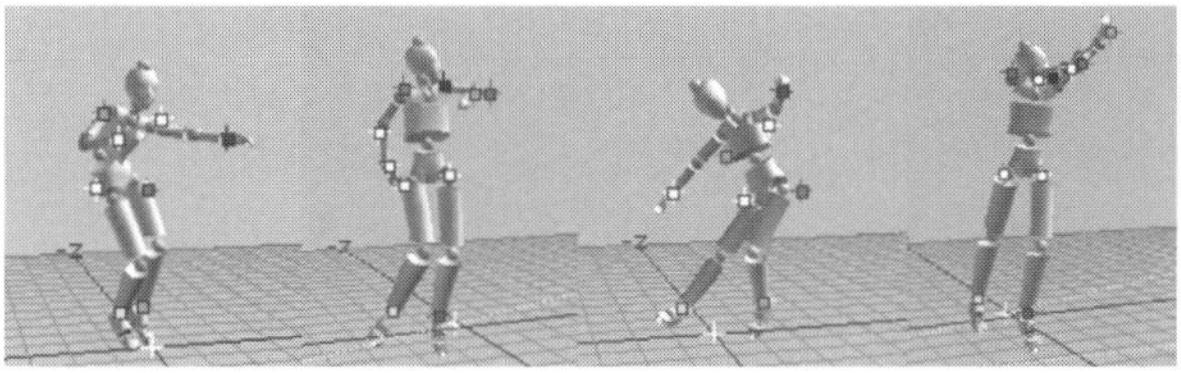

図38　簡易式モーションキャプチャ活用によるハワイアンフラのＣＧ

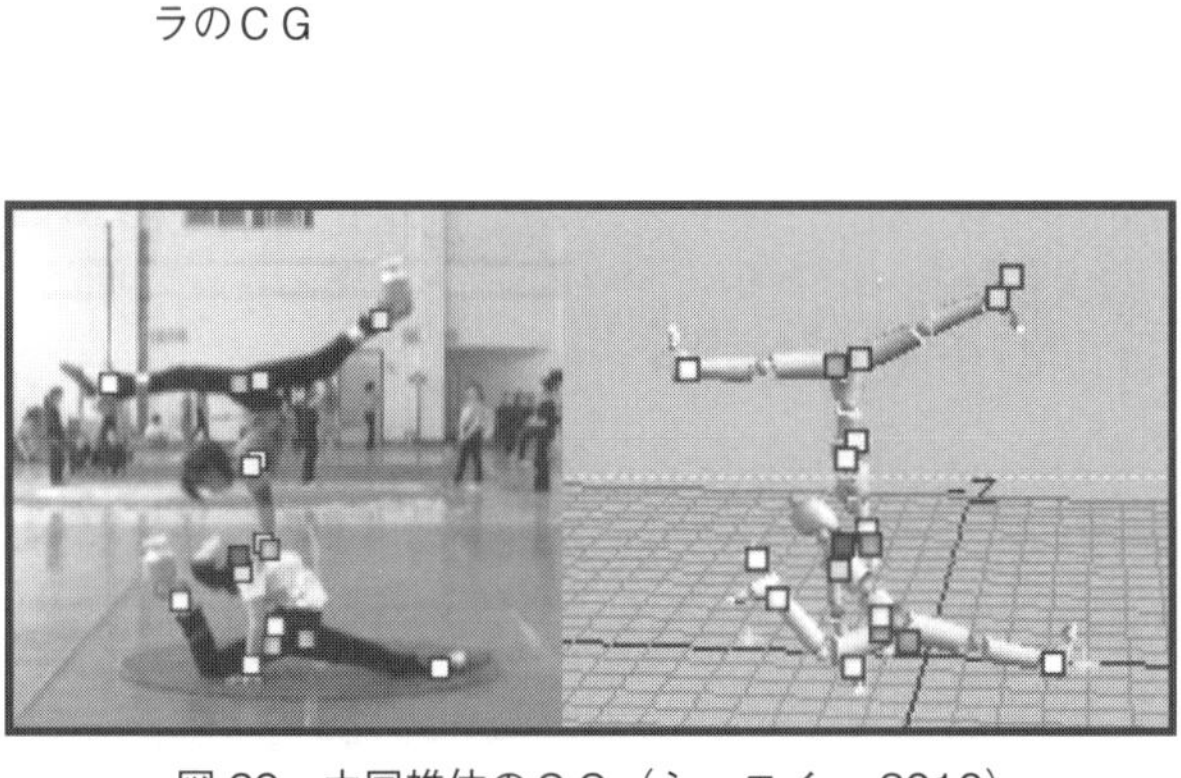

図39　中国雑技のＣＧ（シュエイー 2010）

しかし、長時間にわたるこれらの膨大な作業は、安住に意外な恩恵をもたらした。ビデオで見るより格段に、踊りの形や身体の動きを認識することができたと言うのである。10ヵ所の関節位置をフレームごとに一つひとつ手動で入力することにより、普段気づくことのない肩の付け根の位置、肘、手首などの屈折、長さなどをはっきりと知ることができたと言う。ビデオではどれほど真剣に注意を払いながら観察したとしても、見落としてしまうポイントが多々ある。しかし、簡易式モーションキャプチャの場合、10ヵ所の関節位置を最後まで正確にマーキングしなければCGは完成しない。マーキングすることによって否応なしに「身体構造」や「身体の動き」への気づきが生まれたのである（安住 2008）。

同様な意見は、中国雑伎に対する簡易式モーションキャプチャの作業を行った留学生のシュエイーからも聞かれた（シュエイー 2010）。2人頂碗のモーションキャプチャで得られたデータの入力作業を行ううちに、「ふたりの息がぴったり合うのを実感した」というのである（図39）。

以上、2つの方法における3DCG制作のなかで制作者に生じた変化を紹介した。これまでのデジタルテクノロジーは、学習者に対し「きちんとした知」をできるだけ短時間で効率よく獲得させるために活用されることが多かった。それに対し本プロジェクトでは、学び手自らが長時間苦労してCGを制作することにより、「自らの気づきや学び」が自然に発生した。つまり、対象に対してデジタルテクノロジーを活用するという能動的な行為が、「自らの学び」を創発したのである。

あとがき

本書の執筆が最終段階に入っていた2011年3月11日、東日本大震災が発生した。仙台に生まれ育った私は子どもの頃からしばしば地震を経験していたが、今回の地震は桁外れに大きいものだった。街中を歩いていた私は、突然ガタガタという音とともに立っていられないほどの揺れを感じ道路にしゃがみ込んでしまった。次の瞬間ショーウインドウの電気が消え、周りのビルから人々がどっと道路に飛び出してきた。まさに、映画で見たことのあるシーンである。仙台駅前の8車線道路は人々で埋め尽くされ、自動車は動けずに立ち往生していた。その後しばらく余震は続いたが、その間は本当に生きた心地がしなかった。

この地震がとてつもなく大きな津波を引き起こし2万以上の人々の命を飲み込んだことを知ったのは、次の日の夜であった。約24時間の停電の後テレビニュースで見た映像は、津波が街全体を押し流す様子であった。それに続いて報道されたのは、東京電力福島第一原子力発電所の事故、そしてかなり長期間続くであろう「電力不足」の報道であった。私はこの震災を経験し、「科学技術」によって積み重ねられてきたものが非常に「脆《もろ》い」ということを実感した。「自然」は本当に恐ろしい力を持っている。

「科学」に対する信頼は、私たちの「学び」や教育にまで浸透している。近代教育では客観的であいまい性のない「きちんとした知」だけが対象にされてきた。「きちんとした知」を教師が積極的に「教え込み型の教育」によって指導してゆく。それが近代教育の原則であり、それ以前の日本において存在していた「よいかげんな知」や「しみ込み型の学び」はあいまいで効率が悪いとして排除されてきた。「きちんとした知」を効率的にできるだけたくさん学習すれば、将来は賢い立派な人間に成長する。そのような常識が何の疑いもなくこれまで教育現場に浸透してきた。

科学の枠を集め技術開発を行い、最先端のテクノロジーを駆使して私たちは現在の「便利な生活」を手に入れた。電気は一晩中街中を明るく照らし、コンビニで24時間欲しいものが手に入る。風呂はボタンひとつでちょうどよい湯加減に沸き、レンジでチンすれば世界中の名物料理を食べることができる。

ところが、そのような「便利な生活」は自然の力により一瞬にして崩壊する。それは、「自然」に対して人間がまったくの無力であることを私たちに思い出させてくれるのと同時に、「本当に今までの生活は幸せだったのだろうか」という疑問をわき上がらせる。

コンピュータをはじめとするテクノロジーは、私たちの生活を便利にしてくれた。そして、私たちは「便利な生活」をおくれることはとても「幸せなこと」だと感じてきた。しかし、本当に「便利な生活」をおくることは「幸せなこと」なのだろうか？　そして、「効率的に仕事を行うこと・効率的に学習すること」は本当に「幸せ」なことなのだろうか？

今、さまざまな意味で世界は「転換期」なのだと思う。政治、経済、そして教育。それは日本だけのことではなく、世界中が根底からの変化の時期を迎えている。2011年3月11日の東日本大震災は、間違いなくその変化を一挙に速めた。

本書で私は、その変化を「デジタル」から「超デジタル」に求めた。明確であいまい性のない「きちんとした知」、対象を細かく分解し各々の要素を客観的に明らかにしようとする考え方、そして短時間で効率的に学習を行おうとする教育…それらの「デジタルな学習」から今、「超デジタル」な学びに変わろうとしている。複雑な日常に対し「やわらかに」向かおうとする態度、複雑な対象を複雑なまま丸ごと捉えようとする「よいかげんな知」、そして一見非効率に見える「しみ込み型の学び」…これらの「超デジタル」な発想こそこれからの時代には必要不可欠になることを、本書では強く主張してきた。

「超デジタル」という発想では、デジタルテクノロジーに対し否定的な態度をとるのではなく、むしろ積極的に活用しようとする。それは単に「昔に戻ろう」という考え方ではなく、また「科学の否定」でもない。つまり、この発想は「科学」の枠組みを大きく変更することの提案なのである。

※

大震災の記憶が未だ生々しく残っているこの時期に「超デジタル」という考え方を世に問えたことは、私にとって非常に幸福なことである。この大震災を契機として日本中の人々が、いや世界中の人々が「科学」について、あるいは「科学技術」について、改めて議論することになるだろう。

そのときこそ、「超デジタル」という考え方が大いに役立つと確信している。

各々のプロジェクトは私一人で実施したのではなく、共同研究者や協力者の多大な力があって初めて実施可能になったものである。ここですべての人の名前を挙げることはできないが、特に大きな力を私に貸してくださった方々のお名前を以下に明記することにより、改めて深く感謝する次第である。

菅井邦明氏（当時：東北大学大学院教育学研究科教授、現：東北福祉大学教授）、生田久美子氏（当時：東北大学大学院教育学研究科教授、現：田園調布学園大学教授）、海賀孝明氏（わらび座デジタル・アート・ファクトリー、チーフエンジニア）、古浦晋平氏と母親の章子さん、八戸法霊神楽の師匠・松川由雄氏と松本徹氏、佐藤克美氏（当時：東北大学大学院教育情報学教育部博士後期課程）、小山智義氏（当時：東北大学大学院教育学研究科博士前期課程）。そして、新曜社の塩浦暲さんに深く感謝いたします。

2011年9月11日

（東日本大震災から半年、アメリカ同時多発テロ事件から10年、人類にとって非常に重要な意味を持つ日に）

渡部信一

プロジェクトの概要

【2・1】「eカウンセリング」プロジェクト
実施期間：1999年4月から2001年3月（第1期）科学技術庁（当時）
　　　　　2001年4月から2004年3月（第2期）厚生労働省
共同研究者：野口正一（当時：会津大学学長・第1期プロジェクト代表）、菅井邦明・熊井正之（当時：東北大学）、布川博士（当時：仙台応用情報学研究振興財団）、比屋根一雄・飯尾淳（株式会社三菱総合研究所）、そのほか多くの方々のご協力を得た。

関連文献
渡部信一編著／菅井邦明監修　2000『こころと言葉の相談室』ミネルヴァ書房
渡部信一編著／菅井邦明監修　2000『障害児教育の相談室』ミネルヴァ書房
渡部信一　2002「子育ての悩みはインターネットで解決」『発達』91号　特集：障害児教育がITで変わる（責任編集：渡部信一）ミネルヴァ書房　50-57.
渡部信一・他5名　2002「ネットワークを利用した不登校・障害児支援システムの開発」日本教育工学会論文誌 26, 11-20.

【2・2】「東北大学インターネットスクール」プロジェクト
実施期間：開設準備開始は、2001年度。現在も継続中。

東北大学インターネットスクールの配信は2002年4月開始。

関連文献

渡部信一・熊井正之・三石大　2003「東北大学インターネットスクール立ち上げの試み」教育システム情報学会論文誌　20, 214-218.

渡部信一・為川雄二　2005「全学規模による大学院講義のインターネット配信――東北大学」吉田文他編『大学eラーニングの経営戦略』東京電機大学出版局　129-151.

【2・3】「伝統芸能デジタル化」プロジェクト

実施期間：2004年度から2009年度

共同研究者：生田久美子（当時：東北大学）、長瀬一男・海賀孝明（わらび座デジタル・アート・ファクトリー）、川口陽徳（当時：東京大学大学院博士後期課程）

関連文献

渡部信一編著　2007『日本の「わざ」をデジタルで伝える』大修館書店

渡部信一　2008「伝統芸能（わざ）の学び」CIEC編『学びとコンピュータハンドブック』東京電機大学出版局　18-21.

渡部信一　2008「モバイル社会では、「状況の中で学ぶ。」」『Mobile Society Review　未来心理』NTTドコモ　モバイル社会研究所　12, 6-13.

【2・4】「師匠の思いデジタル化」プロジェクト

実施期間：2009年度から現在も継続中

共同研究者：佐藤克美（当時：東北大学大学院博士後期課程）、沼倉弘幸・サイラン（当時：東北大学大学院博士前期

課程）

関連文献

沼倉弘幸　２０１０「「継承の場」を考慮したＣＧによる伝統芸能継承の支援」東北大学大学院教育情報学教育部修士論文

サイラン　２０１１「衣装のＣＧが伝統芸能の継承に与える影響」東北大学大学院教育情報学教育部修士論文

【2・5】「ミュージカル俳優養成」プロジェクト

実施期間：２００５年度から現在も継続中

共同研究者：佐藤克美（当時：東北大学大学院博士後期課程）海賀孝明（わらび座デジタル・アート・ファクトリー）

関連文献

佐藤克美　２０１１『モーションキャプチャの教育活用に関する研究』東北大学大学院教育情報学教育部博士論文

佐藤克美・沼倉弘幸・海賀孝明・渡部信一　２０１０「舞踊教育におけるモーションキャプチャ活用に関する研究」教育情報学研究　第9号　1-9.

佐藤克美・海賀孝明・渡部信一　２０１０「舞踊の熟達化を支援するためのモーションキャプチャ活用」日本教育工学会論文誌　34号　133-136.

【2・6】「鉄腕アトム ＆ 自閉症」プロジェクト

実施期間：１９８８年度から現在も継続中

関連文献

渡部信一　１９９８『鉄腕アトムと晋平君――ロボット研究の進化と自閉症児の発達』ミネルヴァ書房

渡部信一　２００１『障害児は「現場」で学ぶ――自閉症児のケースで考える』新曜社

渡部信一編著　２００４『自閉症児の育て方――笑顔で育つ子どもたち』ミネルヴァ書房
渡部信一　２００５『ロボット化する子どもたち――「学び」の認知科学』大修館書店
渡部信一　２００６「高度情報化時代における自閉症教育」教育学研究　73 (2), 137-147.

【2・7】「自らの学び創発」プロジェクト

実施期間：２０００年度から現在も継続中
共同研究者：小山智義（当時：東北大学大学院博士前期課程）、佐藤克美（当時：東北大学大学院博士後期課程）、安住陽子（当時：東北大学大学院博士後期課程）、薛芸（シュエイー）（当時：東北大学大学院博士前期課程）

関連文献

渡部信一・小山智義　２００１「３ＤＣＧを利用した行動観察手法の評価と「自閉症の行動ライブラリー」の試作」日本教育工学会論文誌　25, 205-208.
小山智義・渡部信一　２００２「行動を３ＤＣＧで記録する」『発達』91号　特集：障害児教育がＩＴで変わる（責任編集：渡部信一）ミネルヴァ書房　25-32.
渡部信一・小山智義　２００２「３ＤＣＧを用いた行動研究法の開発」東北大学大学院教育学研究科・教育ネットワーク研究室年報　2, 3-12.
安住陽子・佐藤克美・海賀孝明・渡部信一　２００８「簡易式モーションキャプチャによる「フラ」の３ＤＣＧアニメーション制作」日本教育工学会第24回大会（上越教育大学大学）
シュエイー　２０１０「中国雑伎団の「わざ」教育におけるモーションキャプチャの活用」東北大学大学院教育情報学教育部博士前期課程修士論文

注

1　本書に出てくるキーワードの英訳については、私自身未だ確定するまでにはいたっていない。現在のところ、「超デジタル」な時代 super-digital age 、よいかげんな知 fuzzy knowledge、しみ込み型の学び learning by osmosis (penetration) model などを暫定的に考えている。

2　1TB（テラバイト）とは、1兆990億バイト。例えば、日本語1文字記憶するのにおおよそ2バイト使うとすれば、1MBで原稿用紙1、250枚分、1GBで125万枚分、1TBでは12億5000万枚分記憶できることになる。ハードディスクの値段はどんどん安くなっているので、今後さらに安い費用で実現可能になるだろう。

3　ゴートンの著書の原題は *TOTAL RECALL: How the E-Memory Revolution Will Change Everything* であり「E-Memory」がキーワードになっている。一般に「記録 record」および「記憶 memory」が使われるとすれば、ゴートンが意図するものは「E-Record」と表現すべきである。

4　厳密に言えば、「自閉症」は現在「自閉症スペクトラム障害」と表現される。しかし、一般にはまだ広く「自閉症」が使用されているため、ここでは初出典で使用した「自閉症」をそのまま使用している。同様に「特別な支援を必要としている子ども」も初出典で使用した「障害児」をそのまま使用している。

5 「ヒューリスティクス」は、心理学の領域においても「思考」の研究、特に「推論」研究の中で多くの探求がなされている（中島ら 1994、鹿取ら 2008）。

6 松本徹さんも中山手の師匠である。しかし本書では、「松川師匠」との混同を避けるため、あえて「松本さん」と表記させていただいた。

7 中村時蔵氏講演「歌舞伎の「わざ」の継承とは何か」第3回わざ言語研究会（代表：生田久美子）東北大学 2009年4月25日

8 正式には「靇神社」と表記する。

9 モーションキャプチャは一般に磁気式と光学式が普及しているが、ここでは磁気式モーションキャプチャを使用した。

文献

東洋　1994『日本人のしつけと教育』東京大学出版会

安部悦生　1997『ケンブリッジのカレッジ・ライフ――大学町に生きる人々』中央公論社

生田久美子　1987『「わざ」から知る』東京大学出版会

今井康雄　2010「「学び」に関する哲学的考察の系譜」渡部信一編／佐伯胖監修　2010『「学び」の認知科学事典』大修館書店

内山節　2005『「里」という思想』新潮社

内山節　2007『日本人はなぜキツネにだまされなくなったのか』講談社

梅田望夫・飯吉透　2010『ウェブで学ぶ――オープンエデュケーションと知の革命』筑摩書房

NHKビデオ　2000『祇園・京舞の春――井上八千代　三千子　継承の記録』

岡田美智男　1995『口ごもるコンピュータ』共立出版

鹿取廣人・杉本敏夫・鳥居修晃編　2008『心理学（第3版）』東京大学出版会

小松和彦　1990「妖怪の原像」近藤雅樹編『図説　日本の妖怪』河出書房新社

小松和彦　2007『妖怪学新考――妖怪から見る日本人の心』洋泉社

ゴードン・B&ジム・G著／飯泉恵美子訳　2010『ライフログのすすめ――人生の「すべて」をデジタルに記録する！』早川書房（Gordon, B. & Jim, G. 2009, *Total Recall: How the E-Memory Revolution Will Change Everything*. Dutton Adult.）

佐々木正人　１９９４『アフォーダンス――新しい認知の理論』岩波書店
佐藤克美　２０１１『モーションキャプチャの教育活用に関する研究』東北大学大学院教育情報学教育部博士論文
武邑光裕　２００３『記憶のゆくたて――デジタル・アーカイブの文化経済』東京大学出版会
田近伸和　２００１『未来のアトム』アスキー
辻本雅史　１９９９『「学び」の復権――模倣と習熟』角川書店
中島秀之・高野陽太郎・伊藤正男　１９９４『認知科学　第8巻　思考』岩波書店
西垣通　２００４『基礎情報学――生命から社会へ』ＮＴＴ出版
ニベット・Ｒ・Ｅ／村本由紀子訳　２００４『木を見る西洋人　森を見る東洋人』ダイヤモンド社（Nisbett, R. E. 2003, *The Geography of Thought.* New York: Simon & Schuster Inc.)
橋田浩一　１９９４『知のエンジニアリング――複雑性の地平』ジャストシステム
ビル・ゲイツ　１９９５『ビル・ゲイツ未来を語る』アスキー（Bill Gates.1995, *The Road Ahead.* Microsoft Corporation.)
藤野博　２００４「コンピュータとカウンセリング」渡部信一編著『21世紀テクノロジー社会の障害児教育』学苑社
マーシャル・マクルーハン他／中澤豊訳　２００２『メディアの法則』ＮＴＴ出版（Marshall and Eric McLuhan. 1988, *Law of Media: The New Science.* University of Toronto.)
Ｊ・マッカーシー、Ｐ・Ｊ・ヘイズ、松原仁　１９９０『人工知能になぜ哲学が必要か――フレーム問題の発端と展開』哲学書房
松下良平　２０１０「学ぶことの二つの系譜」渡部信一編／佐伯胖監修『「学び」の認知科学事典』大修館書店
松原仁　１９９９『鉄腕アトムは実現できるか？』河出書房新社
レイブ・Ｊ＆ウェンガー・Ｅ／佐伯胖訳　１９９３『状況に埋め込まれた学習――正統的周辺参加』産業図書（Lave, J. & Wenger, E. 1991, *Situated Learning.* Cambridge University Press.)

渡部信一　1995「自閉症児に対する言語指導の再考」福岡教育大学障害児治療教育センター年報　8, 79-83.
渡部信一　1997「人間の「聴こえ」に対するもうひとつのパラダイム――自閉症の音声聴取からのアプローチ」福岡教育大学紀要　46, 287-294.
渡部信一　1998『鉄腕アトムと晋平君――ロボット研究の進化と自閉症児の発達』ミネルヴァ書房
渡部信一　2000『こころと言葉の相談室』ミネルヴァ書房
渡部信一　2000『障害児教育の相談室』ミネルヴァ書房
渡部信一　2001『障害児は「現場」で学ぶ――自閉症児のケースで考える』新曜社
渡部信一・小山智義　2001「3DCGを利用した行動観察手法の評価と「自閉症の行動ライブラリー」の試作」日本教育工学会論文誌　25, 205-208.
渡部信一・小山智義　2002「3DCGを用いた行動研究法の開発」東北大学大学院教育学研究科・教育ネットワーク研究室年報　2, 3-12.
渡部信一　2003「自閉症児教育とロボット開発の交差点」藤原和博編『人生の教科書――ロボットと生きる』筑摩書房
渡部信一　2004『自閉症児の育て方――笑顔で育つ子どもたち』ミネルヴァ書房
渡部信一　2005『ロボット化する子どもたち――「学び」の認知科学』大修館書店
渡部信一　2006「高度情報化時代における自閉症教育」教育学研究　73 (2), 137-147.
渡部信一編著　2007『日本の「わざ」をデジタルで伝える』大修館書店
渡部信一　2010a「高度情報化時代における「教育」再考――認知科学における「学び」論からのアプローチ」教育学研究　77 (4), 14-26.
渡部信一　2010b「超デジタル時代における「学び」の探求」渡部信一編／佐伯胖監修『「学び」の認知科学事典』大修館書店

著者紹介

渡部信一（わたべ　しんいち）

1957年仙台市生まれ。東北大学教育学部卒業。東北大学大学院教育学研究科博士課程前期修了。博士（教育学）。東北大学大学院教育学研究科助教授などを経て、現在、東北大学大学院教育情報学研究部教授。
主な著書に、『鉄腕アトムと晋平君—ロボット研究の進化と自閉症児の発達』『障害児は「現場《フィールド》」で学ぶ—自閉症児のケースで考える』『ロボット化する子どもたち—「学び」の認知科学』、編著書に『日本の「わざ」をデジタルで伝える』『「学び」の認知科学事典』などがある。

ホームページ　http://www.ei.tohoku.ac.jp/watabe/top.html

新曜社　超デジタル時代の「学び」
よいかげんな知の復権をめざして

初版第1刷発行　2012年2月10日©

著　者　渡部信一
発行者　塩浦　暲
発行所　株式会社 新曜社
〒101-0051　東京都千代田区神田神保町2-10
電話(03)3264-4973・FAX(03)3239-2958
e-mail info@shin-yo-sha.co.jp
URL http://www.shin-yo-sha.co.jp/

印刷　新日本印刷　Printed in Japan
製本　イマヰ製本所
ISBN978-4-7885-1267-2　C1011